Watchman Nee

Der normale Mitarbeiter

Watchman Nee

Der normale Mitarbeiter

›Der Strom‹

Taschenbuch Nr. 20
ISBN 3-88083-064-9
Übersetzt aus dem Englischen
Originaltitel: The Normal Christian Worker

Erste Ausgabe, November 1965

Inhalt

Bibelzitate nach der Elberfelder Übersetzung
oder nach der Luther-Übersetzung
hebr. bzw. gr. = das Zitat enthält Änderungen
nach dem Urtext

Vorwort

Als ein Diener Gottes in einer Reihe von Vorträgen das aussprach, was ihm als Last auf dem Herzen lag, war nicht an eine schriftliche Veröffentlichung gedacht. Der Sprecher richtete sein Wort nicht an Abwesende, sondern unmittelbar an seine nächsten Mitarbeiter. Einige unter diesen, beeindruckt von dem Wert der Ansprachen, wünschten das Gehörte auch anderen Christen zugänglich zu machen, die nicht das Vorrecht der Teilnahme gehabt hatten. So entstand dieses Buch.

Obwohl sich die vorliegenden „Botschaften" speziell an Mitarbeiter im Werk des Herrn richten, wird in ihnen doch nur wenig über das Werk ausgesagt; das ganze Gewicht liegt auf dem Charakter des Arbeiters.

Hier wendet sich ein Mann Gottes an Menschen, die Gottes wahre Mitarbeiter sein wollen – weder Supermenschen noch solche, die als Christen eine bestimmte Stellung haben, sondern Menschen nach dem Maßstab Christi, welche durch Disziplin in Einklang mit Gottes eigener Natur gebracht worden sind und so dem entsprechen, was Gott heute in dieser Welt braucht.

I. Fleiß

Mt. 25:14-30; 2.Tim. 4:2; 2.Petr. 1:5-15; Joh. 5:17; 4:35

Das tägliche Leben eines Mitarbeiters ist untrennbar mit seiner Arbeit verbunden. Aus diesem Grunde müssen wir bei der Betrachtung der Anforderungen, die der christliche Dienst stellt, auf Fragen der Veranlagung und der Lebensführung eingehen. Um für den geistlichen Dienst fähig zu sein, braucht man nicht nur ein bestimmtes Maß an geistlicher Erfahrung, sondern auch bestimmte Charaktereigenschaften: Der Charakter eines Mitarbeiters muß dem Charakter des Werkes entsprechen. Und die Entwicklung eines Charakters vollzieht sich nicht von heute auf morgen. Wenn ein Mitarbeiter die Qualitäten erlangen will, die ihn für den Herrn nützlich machen, so müssen viele praktische Dinge in seinem täglichen Leben revidiert werden. Alte Gewohnheiten müssen abgestoßen und neue durch einen Prozeß der Selbsterziehung eingeübt werden. Eine grundsätzliche Neueinstellung des Lebens ist nötig, damit es mit dem Werk in Einklang kommt.

Manche jungen Leute weisen schon gleich am Anfang ihres Christenlebens Qualitäten auf, die zu der Hoffnung berechtigen, daß sie sich zu brauchbaren Dienern Christi entwickeln werden; es gibt aber auch andere, die, obwohl nicht minder begabt, doch sehr bald vom Weg abkommen und dem Namen des Herrn Unehre bereiten. Wenn ihr mich fragt, wie eine so unterschiedliche Entwicklung im Leben der Mitarbeiter zu erklären sei, dann möchte ich klipp und klar darauf antworten, daß bestimmte grundsätzliche Merkmale in der Konstitution eines jeden den Ausschlag dafür geben, ob er für den Herrn voll brauchbar werden kann oder nicht. Ein junger Mann mag gewisse Charakterzüge aufweisen, die für die Zukunft verheißungsvoll erscheinen, aber wenn er bestimmte andere grundlegende Qualitäten nicht hat, wird er mit Sicherheit doch enttäuschen. Sein Wunsch, dem Herrn zu dienen, mag echt sein, aber es fehlen ihm die Eigenschaften, die ein wahrer Diener besitzen muß. Noch nie ist uns ein Mitarbeiter begegnet, der undiszipliniert lebte und gleichzeitig ein guter Arbeiter war, und wir haben auch noch nie einen ungehorsamen Menschen gesehen, der sich als ein brauchbarer Diener des Herrn erwiesen hätte.

Es gibt bestimmte Charakterzüge, ohne die niemand ein zufriedenstellender christlicher Mitarbeiter sein kann. Ein Prozeß des Niederreißens und Aufbauens ist daher nötig, damit der Herr Arbeiter bekommt, wie er sie braucht. Die Schwierigkeit liegt bei vielen an sich geeigneten Mitarbeitern nicht in Unwissenheit oder Unfähigkeit, sondern darin, daß mit dem Menschen selbst etwas nicht stimmt, daß ein grundsätzlicher Mangel in seiner Veranlagung besteht. Wir müssen uns deshalb vor Gott demütigen und uns der notwendigen Erziehung unterwerfen, wenn das hinzugefügt werden soll, was unserem Charakter fehlt. Laßt uns also etwas Zeit vor Gott verbringen und einige der Eigenschaften zu entdecken suchen, die jeder braucht, der Gott annehmbar dienen will.

Eine dieser Eigenschaften ist Fleiß. Seine Erwähnung erscheint fast überflüssig, aber es ist doch unbedingt wichtig, zu sagen – und sogar mit Nachdruck zu sagen –, daß der christliche Arbeiter ein Mensch mit dem Willen zum Arbeiten sein muß. Im Matthäusevangelium lesen wir das Gleichnis von den Knechten, denen fünf, zwei und ein Pfund anvertraut wurden. Als der Herr dieser Knechte nach langer Abwesenheit zurückkam und Rechenschaft von ihnen forderte, sagte der, der ein einziges Pfund erhalten hatte: *„Herr, ich kannte dich, daß du ein harter Mann bist: du erntest, wo du nicht gesät, und sammelst, wo du nicht ausgestreut hast; und ich fürchtete mich und ging hin und verbarg dein Talent in der Erde; siehe, da hast du das Deine. Sein Herr aber antwortete und sprach zu ihm: Böser und fauler Knecht! Du wußtest, daß ich ernte, wo ich nicht gesät, und sammle, wo ich nicht ausgestreut habe? So solltest du nun mein Geld den Wechslern gegeben haben, und wenn ich kam, hätte ich das Meine mit Zinsen* *erhalten. Nehmt ihm nun das Talent weg, und gebt es dem, der die zehn Talente hat; denn jedem, der da hat, wird gegeben werden, und er wird Überfluß haben; von dem aber, der nicht hat, von dem wird selbst, was er hat, weggenommen werden. Und den unnützen Knecht werft hinaus in die Finsternis draußen: da wird Weinen und Zähneknirschen sein"* (Mt. 25:24-30).

Dieser Schriftabschnitt zeigt uns, daß der Herr von jedem seiner Knechte Fleiß in seinem Dienst erwartet. Er zeigt auch klar die grundlegenden Schwierigkeiten im Leben des einen Knechtes, den er uns vor Augen führt. Es sind zwei Dinge: Er war böse und faul. Sein böses Wesen wird daran deutlich, daß er es wagte, seinen Herrn einen „harten Mann" zu nennen. Wir wollen uns nicht bei dieser Eigenschaft aufhalten, sondern über die andere sprechen, die Faulheit.

Faulheit ist kein seltener Fehler. Faule Leute suchen nie nach Arbeit, und falls eine Arbeit auf sie zukommt, versuchen sie, sich davor zu drücken. Nicht nur Nichtchristen, sondern leider auch viele Christen trifft dieser Vorwurf, und sie sind für ihre Freunde ein Hemmschuh. Kennt ihr auch nur einen einzigen vollmächtigen christlichen Mitarbeiter, der träge ist? Nein, sie sind alle fleißig und immer darauf bedacht, weder Kraft noch Zeit zu verschwenden. Sie suchen nicht ständig nach Gelegenheiten zum Ausruhen, sondern trachten danach, jede Gelegenheit zum Dienst für den Herrn zu nützen.

Schaut die Apostel an: Wie fleißig waren sie! Denkt an das riesige Arbeitspensum, das Paulus während seines Lebens bewältigt hat. Wir sehen ihn von Ort zu Ort reisen und überall, wo er hinkommt, das Evangelium predigen oder zielbewußt mit einzelnen sprechen; selbst im Gefängnis nützt er die gegebenen Möglichkeiten aus – er predigt allen, die mit ihm in Kontakt kommen, und schreibt an die, von denen er abgeschnitten ist. Lesen wir einmal, was er aus dem Gefängnis an Timotheus schreibt: *„Predige das Wort, stehe bereit zu gelegener und ungelegener Zeit"* (2.Tim. 4:2). Die Gefangenschaft hatte zwar seine äußere Beweglichkeit eingeschränkt, aber sie vermochte die Wirksamkeit seines Dienstes nicht zu begrenzen. Welch einen geistlichen Reichtum hat er durch seine Gefängnisbriefe vermittelt! Wir finden nicht die geringste Spur von Faulheit im Leben des Paulus; er hat die Zeit immer voll genützt.

Bedauerlicherweise suchen viele hauptberufliche Mitarbeiter gar nicht nach Gelegenheiten zum Dienst für den Herrn; und kommt jemand von sich aus zu ihnen, so empfinden sie das als Störung, anstatt darin eine Gelegenheit Gottes zu sehen. Sie hoffen nur, daß der Mensch bald wieder weggeht und sie nicht länger stört. Was für einen Namen verdient diese Haltung? Es ist Faulheit.

Seid ihr noch nie „Immer-langsam-voran"-Mitarbeitern begegnet? Sie fangen eine Sache an, trödeln aber herum und schieben die Arbeit dauernd vor sich her, solange sie nur irgend den Anschein von emsiger Tätigkeit erwecken können. Im Grunde geht es ihnen gar nicht um die Arbeit, sondern nur um das Herumbringen der Zeit. Worin besteht ihre Schwierigkeit? Faulheit. Das ist alles.

Im Brief an die Philipper sagt Paulus: *„Euch öfter dasselbe zu schreiben, ist mir nicht verdrießlich, für euch aber bedeutet es, daß ihr fest werdet“* (Phil. 3:1). Obwohl er im Gefängnis lag, machte es Paulus nichts aus, den Philippern immer wieder dasselbe zu wiederholen, denn er wußte, daß es zu ihrem Besten war. Wie anders ist es bei vielen Christen! Bittet man sie um einen Dienst, dann reagieren sie so, als ob man ihnen eine gewaltige Last aufbürde. Ein Mensch, der alles als Last empfindet, kann kein treuer Diener des Herrn, ja noch nicht einmal ein treuer Diener von Menschen sein. Es gibt sogenannte „vollzeitige Mitarbeiter“, die so supergeistlich sind, daß sie es nicht für nötig halten, hart zu arbeiten oder jemandem über ihre Arbeit Rechenschaft zu geben. Hätten sie einen gewöhnlichen Beruf, so würde ihnen kein Chef eine solche Lässigkeit, wie sie ihren Dienst kennzeichnet, durchgehen lassen. Aber in Wirklichkeit betrügen sie sich selbst, wenn sie meinen, Gott auf diese Weise dienen zu können. Unser Charakter muß diszipliniert werden, bis wir die Arbeit nicht mehr als Last empfinden, sondern im Gegenteil Freude daran haben, Zeit, Kraft und materielle Mittel uneingeschränkt einzusetzen, damit anderen gedient wird. Paulus hat sich nicht nur im geistlichen Dienst ausgegossen, sondern er wußte auch, was ausdauernde Handarbeit ist: *„Ihr selbst wißt, daß meinen Bedürfnissen und denen, die bei mir waren, diese Hände gedient haben“* (Apg. 20:34). Hier sehen wir einen wahren Diener des Herrn.

Manche sogenannten Mitarbeiter sind tatsächlich arbeitsscheu und haben stets eine Entschuldigung bereit, um sich zu drücken. Anderen fehlt der innere Antrieb, sich die Arbeit zu suchen; sie stehen herum und warten, daß etwas geschieht. Jeder treue und zuverlässige Diener Christi nützt die Minuten aus, und wenn er äußerlich einmal nichts zu tun hat, ist er doch in seinem Inneren aktiv und wartet in wirklicher Übung des Herzens auf den Herrn. Bei einer bestimmten Gelegenheit hat unser Herr gesagt: *„Mein Vater wirkt bis jetzt, und ich wirke“* (Joh. 5:17). Bei einer anderen Gelegenheit stellte er seinen Jüngern in die Situation hinein die Frage: *„Sagt ihr nicht: Es sind noch vier Monate, und die Ernte kommt?“* Indem er die Frage selbst beantwortete, fügte er hinzu: *„Siehe, ich sage euch: Hebt eure Augen auf und schaut die Felder an, denn sie sind schon weiß zur Ernte“* (Joh. 4:35). Die Jünger wollten noch vier Monate warten, ehe sie die Aufgabe anpackten, doch unser Herr sagte, die Zeit für die Arbeit sei jetzt und nicht erst in ferner Zukunft. „Hebt eure Augen auf und schaut“, sagte er und wies damit auf die Art von Mitarbeitern hin, die er braucht: Menschen, welche nicht herumstehen und warten, bis die Arbeit bei ihnen anklopft, sondern Augen für die Arbeit haben, die auf Erledigung wartet.

Unser Herr hatte stets darauf acht, in allem, was er tat, mit dem Vater zusammenzuarbeiten; und weil sein Vater unablässig aktiv war, war es auch der Sohn. Gebraucht wird nicht die fieberhafte Aktivität von Menschen, die ihr ruheloses Inneres unaufhörlich in Bewegung hält, sondern die Aufmerksamkeit eines fleißigen Dieners, der den Blick nach oben geübt hat und stets das Werk des Vaters sehen kann, das auf seine Mitarbeit wartet. Es ist ein Jammer, daß so wenige Menschen sehen können, was Gott heute tut! Traurigerweise ist es möglich, daß wir an Erntefeldern stehen und die reifen Ähren nicht wahrnehmen. Es ist möglich, daß uns die Arbeit direkt vor den Händen liegt und wir es nicht einmal merken. Christen, denen eine Empfindung für die Dringlichkeit der Arbeit fehlt und die ganz bequem noch „vier Monate" warten, bis sie ans Werk gehen, sind „unnütze Knechte". Christus braucht Mitarbeiter, die eifersüchtig über jeden Augenblick wachen, der verstreicht, und nichts auf morgen verschieben, was sie heute tun können. An manchen Orten wird die Ernte nur aus dem einfachen Grund nicht eingebracht, daß es dort zu viele Christen gibt, die nicht gerne arbeiten.

Fleiß ist also wesentlich, wenn wir dem Herrn dienen wollen. Aber Fleiß ist in erster Linie eine Sache der inneren Einstellung und bemißt sich nicht nach äußerer Betriebsamkeit. Wir dürfen unserer angeborenen Trägheit nicht nachgeben; deshalb müssen wir es uns angelegen sein lassen, eine fleißige Haltung zu entwickeln. – Wenn wir von Natur aus faul sind, nützt es jedoch nichts, daß wir uns nur selbst anspornen, etwas intensiver zu arbeiten, denn mit Sicherheit werden wir nach einer kurzen Strecke emsiger Arbeit wieder in unseren alten Zustand zurückfallen. Wir brauchen eine Änderung unserer Konstitution. Die Worte des Herrn, daß er gekommen sei, um „zu suchen und zu erretten, was verloren ist", kennen wir alle gut. Er kam nicht nur, um Umgang mit den Menschen zu haben; vielmehr kam er, um sie aufzusuchen und zu retten. Mit welchem Fleiß hat er gesucht und gerettet! Diese Haltung brauchen wir.

Petrus schreibt im 1. Kapitel seines zweiten Briefes: *„Und eben deshalb wendet auch allen Fleiß daran und entwickelt in eurem Glauben reichlich Tugend und in der Tugend Erkenntnis und in der Erkenntnis Selbstbeherrschung und in der Selbstbeherrschung Ausdauer und in der Ausdauer göttlichen Ausdruck und im göttlichen Ausdruck Bruderliebe und in der Bruderliebe die Liebe"* (Vv.5-7, gr.). Dieses Entwickeln, dieses beständige Hinzufügen, kennzeichnet jeden fleißigen Menschen. Wir müssen uns eine Haltung aneignen, die nie aufhört, neues Land im geistlichen Bereich einzunehmen; auf diese Weise werden wir zu Dienern, die für den Herrn von Nutzen sind. Wir brauchen in seinem Dienst eine so ausgesprochen positive, aktive Einstellung! Manche Mitarbeiter scheinen kaum Verantwortungsgefühl zu haben; sie sind sich der ungeheuren Größe des Arbeitsfeldes nicht bewußt; sie empfinden nicht die Dringlichkeit der Aufgabe, die äußersten Enden der Erde mit dem Evangelium zu erreichen; sie erfüllen gerade eben ihre kleinen Pflichten und hoffen, daß alles gut werden wird. Sehen sie, daß heute keine einzige Seele gerettet worden ist, so nehmen sie das als ganz natürlich hin und haben die vage Hoffnung, daß der Erfolg sich vielleicht morgen einstellt; wird jedoch auch morgen niemand gerettet, so schicken sie sich wiederum in das Unabänderliche. Wie kann der Vorsatz des Herrn durch solche Arbeiter ausgeführt werden?

Petrus war aus einem anderen Holz geschnitzt. In dem eben zitierten Abschnitt ist er mit Ernst bestrebt, seine Leser aus allem herauszubringen, was irgendwie mit Passivität zu tun hat. Lest den Abschnitt noch einmal und achtet auf die göttliche Energie, die durch das ganze Sein des Petrus pulsiert und die er durch seinen Brief anderen zu vermitteln sucht. Sobald wir eine christliche Tugend erworben haben, müssen wir nach seinem Wort sofort danach trachten, sie durch eine weitere zu ergänzen; und wenn wir diese erworben haben, müssen wir nach einer Tugend streben, die sie ergänzt. So sollen wir vorwärtsdrängen, nie mit dem zufrieden sein und auf dem ausruhen, was wir schon erreicht haben, sondern stets mehr hinzufügen und unaufhörlich hinzufügen, bis das Ziel erreicht ist. Aber wozu dieses unaufhörliche Streben? *„Wenn diese Dinge bei euch vorhanden sind und reichlich zunehmen“*, erklärt Petrus, *„werden sie euch weder faul noch unfruchtbar machen zur vollen Erkenntnis unseres Herrn Jesus Christus“* (V.8, gr.).

Beachtet, daß Fleiß die Trägheit ausschaltet. Dem negativen Zustand der Trägheit wird durch den positiven Zustand des Fleißes begegnet. Mit Trägheit wird man nicht dadurch fertig, daß man das Negative auszurotten versucht; ihre Quelle ist Faulheit, und das Heilmittel für Faulheit besteht im Fleiß. Sind wir dauernd arbeitslos, dann werden wir uns fest in die Hand nehmen und das entwickeln müssen, was in unserer Konstitution fehlt. Nachdem der erste Mangel behoben ist, werden wir den zweiten beheben müssen und dann nacheinander jeden weiteren Mangel, bis wir nicht mehr „faul oder unfruchtbar“ sind zur vollen Erkenntnis unseres Herrn Jesus Christus. Wenn wir dies mittels göttlicher Befähigung tun, wird in unserem Charakter eine Umwandlung stattfinden. Wir werden keine Faulenzer mehr bleiben, sondern zu solchen werden, die harte Arbeit begrüßen und freudige Diener des Herrn sind.

Petrus ist, um in seinen Lesern Fleiß hervorzubringen, selbst unermüdlich fleißig. Beachtet, was er in Vers 15 sagt: *„Und ich will auch Fleiß tun, daß ihr fähig seid, euch nach meinem Weggehen diese Dinge stets ins Gedächtnis zu rufen“* (gr.). Was uns hier beeindruckt, ist nicht nur augenfällige, äußerliche Aktivität. Es ist vielmehr ein inneres Drängen, ein Drängen des Geistes, das in Petrus diesen unermüdlichen Eifer entfacht hat.

Mögen wir doch wach werden für das Gewicht unserer Verantwortung, für die dringende Not um uns herum und für die Vergänglichkeit der Zeit! Wenn der Ernst der Lage uns bewußt ist, werden wir keine andere Wahl mehr haben, als zu arbeiten, selbst wenn wir auf Essen und Schlaf verzichten müssen, um das Ziel zu erreichen. Unsere Zeit ist fast vorüber, die Not ist nach wie vor verzweifelt, und unsere heilige Verpflichtung ist noch nicht erfüllt. Laßt uns daher als sterbliche Menschen uns selbst mit all unseren Kräften denen geben, die um uns herum am Sterben sind. Wir wagen nicht, uns von natürlicher Trägheit verleiten zu lassen und die Dinge auf später zu verschieben. Heute, an diesem Tag, müssen wir aufstehen und unserem Leib befehlen, uns zu dienen. Was nützt es, wenn wir sagen, daß wir dem Herrn gerne dienen wollen, und dabei doch nicht aus unserer Lethargie aufstehen? Und welchen Wert hat all unsere Erkenntnis der Wahrheit, wenn sie uns nicht tatsächlich von unserer angeborenen Faulheit rettet?

Kommen wir noch einmal zu dem Abschnitt in Matthäus 25 zurück, den wir am Anfang betrachtet haben. In diesem Gleichnis sehen wir einen Knecht des Herrn, dem am Richterstuhl zwei Dinge zur Last gelegt werden: Bosheit und Faulheit. Der Herr selbst spricht das Urteil: *„Den unnützen Knecht werft hinaus in die Finsternis draußen“* (V.30). Die Bewertung, die der Herr für einen faulen Knecht hat, lautet: „unnütz“. Nur ein fleißiger Knecht ist von Nutzen für ihn. Laßt uns diese Sache nicht leichthin betrachten, sondern sie als eine ernste Warnung verstehen und von heute an vom Herrn erwarten und erbitten, daß er uns fähig macht, unsere gewohnte Trägheit zu überwinden. Da die Trägheit eine eingefleischte Gewohnheit ist, die sich über Jahre entwikkelt hat, können wir nicht hoffen, sie innerhalb von einem oder zwei Tagen zu beseitigen. Und wir können auch nicht erwarten, daß sie sich durch eine zarte Behandlungsweise austreiben läßt. Wir müssen vor dem Herrn schonungslos gegen uns selbst vorgehen, wenn wir Arbeiter werden wollen, die in seinem Dienst nicht „unnütz“ sind.

II. Beständigkeit

Mt. 16:13-23; 1.Petr. 2:5; Mt. 18:18; 26:31-41,69-75; Mk. 14:54,66-68

Beständigkeit ist eine weitere Qualität, die im Leben jedes christlichen Arbeiters gefunden werden muß. Leider sind viele Christen sehr wankelmütig. Ihre Stimmungen schwanken mit dem Wetter, so daß sie zeitweise zum Spielball der Umstände werden; aus diesem Grund kann man sich nie auf sie verlassen. Ihre Absichten sind gut, aber weil sie in ihrem Gefühl unbeständig sind, verlieren sie oft das Gleichgewicht.

Die Bibel schildert uns einen Mann von schwankender Gemütsverfassung, den wir als Simon Petrus kennen. Eines Tages fragte der Herr seine Jünger, für wen die Leute ihn hielten, worauf sie antworteten, einige bezeichneten ihn als Johannes den Täufer, andere als Elia, wieder andere als Jeremia oder einen der Propheten. Daraufhin richtete er die Frage an sie: *„Wer saget denn ihr, daß ich sei?"* Der Entgegnung des Simon Petrus: *„Du bist Christus, des lebendigen Gottes Sohn!"* folgte augenblicklich die

Antwort: *„Selig bist du, Simon, Jonas Sohn; denn Fleisch und Blut hat dir das nicht offenbart, sondern mein Vater im Himmel. Und ich sage dir auch: Du bist Petrus, und auf diesen Felsen will ich bauen meine Gemeinde"* (Mt. 16:13-18).

Beachtet die Erklärung: „auf diesen Felsen will ich bauen meine Gemeinde". Anscheinend hatte der Herr hier den Gegensatz im Auge, den er in der Bergpredigt aufgezeigt hat – zwischen dem klugen Mann, der sein Haus auf den Felsen baute, so daß es der Flut und dem Sturm standhalten konnte, und dem törichten Mann, der sein Haus auf den Sand baute, weshalb es unter denselben Umständen einstürzte. Wenn die Gemeinde auch den größten Belastungen ausgesetzt wird, kann sie doch niemals zerstört werden, weil sie fest auf den Felsen, auf Jesus Christus, gegründet ist.

Später hat Petrus dann folgende Worte geschrieben: *„Auch ihr (werdet) aufgebaut als lebendige Steine zum geistlichen Hause"* (1.Petr. 2:5, gr.). Der Oberbau der Gemeinde besteht aus demselben Material wie das Fundament; und dieselbe Festigkeit, die das Fundament kennzeichnet, ist auch ein Kennzeichen des gesamten Bauwerks. Festigkeit, Beständigkeit, ist ein für jeden Mitarbeiter notwendiger Charakterzug, denn jeder ist ein „lebendiger Stein". Christus hat zu Petrus gesagt: *„Du bist Petrus"* (gr.: petros, ein Stein), *„und auf diesen Felsen"* (gr.: petra) *„will ich bauen meine Gemeinde, und die Pforten der Hölle* *sollen sie nicht überwältigen.*" Ein Stein im Bauwerk ist kein gewaltiger Felsblock so wie das Fundament; doch obwohl das Fundament und die Bausteine sich in der Größe voneinander unterscheiden, sind sie doch vom selben Material. Jeder einzelne Teil im Gebäude der Gemeinde mag klein in seinem Ausmaß sein, aber in seiner Natur weicht er absolut nicht vom Haupt der Gemeinde ab.

Beachten wir, wie der eben zitierte Abschnitt weitergeht: *„Ich will dir des Himmelreichs Schlüssel geben, und alles, was du auf Erden binden wirst, soll auch im Himmel gebunden sein, und alles, was du auf Erden lösen wirst, soll auch im Himmel los sein.*" Dieses Versprechen an Petrus wurde später auf die Gemeinde übertragen (Mt. 18:18). Ganz offensichtlich wird Petrus hier als ein einzelner angesprochen, aber die Schlüssel des Reiches sind ihm in seiner Eigenschaft als Diener Christi übergeben. Diese Schlüssel wurden ihm anvertraut, damit er seine Funktion ausüben und Türen öffnen sollte, und er hat am Pfingsttag und später im Haus des Kornelius zweifellos in dieser Eigenschaft gehandelt. Beim ersten Mal öffnete er die Tür des Reiches für die Juden und beim zweiten Mal für die Heiden. Damals jedoch, als der Herr dies in Cäsarea Philippi zu Petrus sagte, entsprach sein Charakter noch nicht seinem Namen, und so konnte er die Schlüssel des Reiches noch nicht gebrauchen. Nachdem ihn die Gnade des Herrn jedoch von der Unbeständigkeit, die ihn damals kennzeichnete, befreit hatte und er zu einem

Diener Christi geworden war, der die Festigkeit eines Felsens besaß, vermochte er die ihm anvertrauten Schlüssel zu benutzen und Autorität im Binden und Lösen auszuüben.

Kein Mensch von unentschlossenem Charakter kann einen Dienst dieser Art ausführen. Zwischen dem Charakter des Dieners und dem Charakter des Dienstes muß Übereinstimmung bestehen. Beide müssen das Wesen der Gemeinde haben, welche die Pforten der Hölle nicht überwältigen können. Leider überwältigen die Pforten der Hölle viele Mitarbeiter, weil sie immer hin und her schwanken; aus diesem Grund kann man sich in der Arbeit nicht auf sie verlassen. Erfährt unsere unbeständige Natur keine Umwandlung, so werden wir unfähig sein, in dem speziellen Dienst, der uns anvertraut ist, zu funktionieren. Aber, gelobt sei der Herr, er vermag unseren Charakter umzuwandeln, wie er den des Petrus umgewandelt hat. Er kann mit jeder Schwäche, die unser Leben brandmarkt, fertigwerden und uns eine neue Konstitution geben, die in seinen Vorsatz hineinpaßt.

Die Bibel sagt uns, daß Petrus nur aufgrund einer Offenbarung fähig war, Jesus als den Christus, den Sohn des lebendigen Gottes, zu erkennen. Er hätte diese wunderbare Entdeckung niemals selbst machen können, und kein Mensch wäre in der Lage gewesen, ihm solch eine Erkenntnis zu vermitteln. Gott selbst ließ es ihn wissen. – Vom Zeitpunkt dieses Bekenntnisses an, das Petrus ablegte, begann der Herr die Jünger über die Leiden zu unterrichten, die ihm unmittelbar bevorstanden. Er eröffnete ihnen auch seine bevorstehende Kreuzigung und Auferstehung, worauf Petrus ihn zu sich nahm, ihn anfuhr und sprach: *„Herr, das verhüte Gott! Das widerfahre dir nur nicht!“* Der Herr aber wandte sich um und sprach zu Petrus: *„Hebe dich, Satan, von mir!“* (Mt. 16:22,23).

Seht, wie das Pendel nun plötzlich zur anderen Seite ausschlägt. Petrus, eben noch emporgehoben auf die Höhen geistlicher Erkenntnis, ist gleich danach in gefährliche Tiefen hinabgefallen. Wir haben noch die Bestätigung des Herrn im Ohr, daß Petrus eine wunderbare göttliche Offenbarung empfangen hat, und nun hören wir den Herrn sagen, Petrus sei ein Werkzeug in den Händen Satans. In einem Moment hat Petrus dem Herrn bezeugt: „Du bist Christus, des lebendigen Gottes Sohn“, und im nächsten Moment weist er den Herrn zurecht! Diese beiden Augenblicke, die zeitlich so nahe beieinanderliegen, sind Gegenpole in der geistlichen Erfahrung. Derselbe Mann, der eben noch ein Gefäß göttlicher Offenbarung war, ist im Handumdrehen zu einem Instrument in Satans Hand geworden, durch welches dieser den Herrn versucht und davon abhalten will, ans Kreuz zu gehen.

Der Herr reagiert sofort; und denselben Petrus, dem eben das Wort: *„Selig bist du!“* galt, trifft jetzt das

„Hebe dich, Satan, von mir!“ Erst wenige Augenblicke sind vergangen, seit Jesus gesagt hat: *„Du bist Petrus, und auf diesen Felsen will ich bauen meine Gemeinde.“* Wie aber kann ein Mensch, der selbst von Satan überwunden wird, gebraucht werden, um die Gemeinde aufzubauen, welche nach dem Wort des Herrn niemals durch die Pforten der Hölle überwunden werden kann? Soll Petrus je in dieser Weise gebraucht werden, so muß eine grundlegende Änderung in ihm stattfinden. Und genau dies ist geschehen. Betrachten wir den Bericht im sechsundzwanzigsten Kapitel des Matthäusevangeliums.

Als die Jünger nach der Passahfeier um den Herrn versammelt waren, sagte er zu ihnen: *„In dieser Nacht werdet ihr alle Ärgernis nehmen an mir. Denn es steht geschrieben: Ich werde den Hirten schlagen, und die Schafe der Herde werden sich zerstreuen.“* Sofort erhob Petrus mit der ihm eigenen Impulsivität Einspruch: *„Wenn sie auch alle Ärgernis nehmen an dir, so will ich's doch nimmermehr tun.“* Petrus widersprach dem Herrn mit Entschiedenheit. Aber dies war nicht bloße Angeberei: er war überzeugt, daß er die Wahrheit sagte. Und gerade weil Petrus ein so starkes Selbstvertrauen besaß, wiederholte der Herr noch einmal seine allgemeine Feststellung in bezug auf alle Jünger und wandte sich dann direkt an Petrus, damit diesem kein Zweifel darüber bleiben sollte, daß er, Petrus, in die Zahl derer eingeschlossen war, die ihn verlassen würden; und er fügte noch Einzelheiten hinzu, welche deutlich machten, in welche Tiefen Petrus fallen würde, indem er den Herrn verließ. Das Selbstvertrauen des Petrus war jedoch so fest verwurzelt, daß alle Erklärungen des Herrn ihn nicht zu überzeugen vermochten, und er widersprach noch heftiger als zuvor: *„Und wenn ich mit dir sterben müßte, so will ich dich nicht verleugnen."* Petrus machte hier keineswegs einen Täuschungsversuch. Es war ihm ernst mit jedem Wort, das er sagte. Er liebte den Herrn und wollte ihm folgen, ohne irgend etwas zurückzuhalten. Als er so redete, brachte er seinen echten inneren Wunsch zum Ausdruck; aber er täuschte sich über sich selbst, er hielt sich für den Mann, der er zu sein wünschte. Petrus wollte den höchsten Preis bezahlen, um dem Herrn zu folgen, aber er war nicht der Mann, für den er sich hielt; er hatte das nicht in sich, womit er solch einen Preis hätte zahlen können.

Nicht lange nach diesen wiederholten Beteuerungen, daß er dem Herrn um jeden Preis nachfolgen würde, sagte der Herr zu Petrus und den beiden anderen Jüngern, die er zum Garten Gethsemane mit sich genommen hatte: *„Meine Seele ist betrübt bis an den Tod; bleibet hier und wachet mit mir!"* Aber alle drei schliefen fest ein. Dann sprach er wieder Petrus direkt an: *„Könnt ihr denn nicht eine Stunde mit mir wachen?"* Der Herr wartete jedoch die Antwort des Petrus gar nicht ab, sondern gab sie selbst: *„Der Geist ist willig, aber das Fleisch ist schwach."* Genau das war Petrus. Er war voll guten Willens, aber er war so schwach.

Dann hat sich die Szene in einem Augenblick wieder gewandelt. Und auch Petrus ist mit den veränderten Umständen wieder ein anderer geworden. Eine große Menge ist erschienen, um Jesus zu ergreifen, und Petrus ist aufgeregt. Er streckt die Hand aus, zieht sein Schwert und schlägt dem Knecht des Hohenpriesters das Ohr ab. Beweist dies nicht, daß er bereit ist, mit seinem Herrn zu sterben? Aber wartet ein wenig: Jesus wird verhaftet und allein weggeführt. Wo ist Petrus jetzt? *„Da verließen ihn alle Jünger und flohen.“* Petrus hat seinen Herrn verlassen.

Markus berichtet uns: *„Petrus aber folgte ihm nach von ferne bis hinein in des Hohenpriesters Palast und saß bei den Knechten und wärmte sich am Feuer“* (Mk. 14:54). Plötzlich erkannte ihn eine der Mägde des Hohenpriesters und rief aus: *„Du warst auch mit Jesus von Nazareth. Er leugnete aber und sprach: Ich weiß nicht und verstehe nicht, was du sagst“* (Vv.67,68). Kann dies Petrus sein, der an eben diesem Tage gewagt hat, dem Knecht des Hohenpriesters das Ohr abzuschlagen? Ja, das ist Petrus; er ist jetzt, als die Magd des Hohenpriesters ihn als einen der Jünger erkennt, so von Furcht überwältigt, daß er seinen Herrn tatsächlich verleugnet. Noch vor einem Augenblick hat er ihm um jeden Preis folgen wollen, selbst wenn dies seinen Tod bedeutete, aber nun möchte er um jeden Preis sein Leben bewahren. Schon ist die große Gefühlswelle, die vorhin über ihn hinweggegangen ist, verebbt; und während Jesus im

Gerichtssaal geschmäht wird, sucht Petrus jeder Beteiligung an seinen Leiden zu entkommen. So zieht er sich in den Vorhof zurück. Aber dort hört er eine andere Magd zu einem der Herumstehenden sagen: *„Das ist einer von ihnen"*, und sofort ist er zu einem neuen Verleugnen bereit. Matthäus berichtet: *„Und er leugnete abermals und schwur dazu: Ich kenne den Menschen nicht"* (26:72). Bald danach kamen einige der Herumstehenden zu ihm und sagten: *„Wahrlich, du bist auch einer von denen, denn deine Sprache verrät dich. Da hob er an, sich zu verfluchen und zu schwören: Ich kenne den Menschen nicht"* (Vv.73,74). Kann das wirklich Petrus sein, dieser Mann, der den Herrn dreimal verleugnet hat, der ihn sogar mit Schwüren und Flüchen verleugnet hat? Ja, das ist Petrus.

Petrus hatte nicht nur einen äußerlichen Mangel; es gab einen grundsätzlichen Fehler in seinem Charakter. Er wurde von seinen Gefühlen regiert, und sein Handeln war wie bei allen, die von ihren Gefühlen beherrscht sind, stets unberechenbar. Manchmal trägt die Begeisterung solche Menschen in die höchsten Höhen, und dann wiederum zieht die Depression sie in die Tiefe. Solche Menschen können göttliche Offenbarung empfangen, aber andererseits können sie auch dem göttlichen Vorsatz Hindernisse in den Weg legen. Sie besitzen die Fähigkeit, von einem plötzlichen Impuls regiert schnell zu sprechen und zu handeln, aber dieser Impuls muß keineswegs göttlich sein. Viele Probleme im Werk des Herrn entstehen durch diesen grundlegenden Mangel im Leben seiner Diener; und weil der Fehler so tief sitzt, bedarf es einer tiefgreifenden Behandlung.

Petrus war geradeheraus in seinem Charakter. Diplomatie und Falschheit lagen ihm fern; aber er besaß starke Gefühle und vertraute diesen, bis der Tag der Prüfung ihm bewies, daß er das nicht war, was seine Gefühle ihn glauben machen wollten – ein Mann unbeirrbarer Hingabe an den Herrn.

Geschwister, traurigerweise kann es sein, daß die Liebe, die wir zum Herrn zu haben meinen, wenig mehr als eine sentimentale Anhänglichkeit ist. Die Reaktionen unseres Gefühls auf seine Liebe sind nicht unbedingt so tief und so rein, wie wir denken. Nach unserem Empfinden lieben wir ihn bis zum äußersten; aber wir leben so sehr im Bereich der Seele, daß wir uns für Leute halten, die wir gar nicht sind. Unser Empfinden ist, daß wir für ihn allein leben und, wenn er will, auch für ihn sterben möchten; zerschlägt der Herr jedoch unser Selbstvertrauen nicht wie bei Petrus, so werden wir weiterhin der Täuschung durch unsere Gefühle unterliegen, und unser Leben wird ein ständiges Auf und Ab sein.

Petrus hatte keinerlei Absicht zu lügen, als er dem Herrn seine Hingabe bezeugte; aber seine Gefühle spielten ihm einen Streich, so daß er etwas glaubte, was nicht die Wahrheit war. Es ist schrecklich, zu lügen; aber es ist erbärmlich, eine Lüge zu glauben.

Wenn wir weiterhin unseren Gefühlen vertrauen, wird der Herr uns vielleicht durch einen ernsthaften Zusammenbruch zu der Entdeckung bringen müssen, daß wir uns nicht auf unser Gefühlsleben verlassen können. Das Maß unserer Fähigkeit, dem Herrn zu folgen, läßt sich nicht einschätzen nach dem Maß unseres Verlangens, ihm zu folgen.

Mögen wir doch alle die Tatsache erkennen, daß die Gemeinde ein Bauwerk ist, welches in Ewigkeit fest steht! Die Gemeinde ist auf einen Felsen als ihr Fundament gegründet, und jeder Stein im gesamten Bau ist aus demselben Felsen geschlagen. Wenn unser Charakter nicht mit dem Charakter der Gemeinde in Übereinstimmung gebracht worden ist, wie können wir hoffen, an ihrem Aufbau teilzuhaben? Wollen wir versuchen, mit Material von minderer Qualität zu bauen, dann werden wir das ganze Bauwerk gefährden. Steine, die aus anderer Qualität bestehen als das Fundament, werden der Belastung nicht standhalten können; und so werden unsere Bauversuche nur in einem Zusammenbruch enden, und Zusammenbruch bedeutet Verlust für uns und für andere, auch Verlust kostbarer Zeit zur Vollendung des Werkes. Wir tun gut daran, das Wort in 1.Korinther 15:58 zu beherzigen: *„Seid fest, unerschütterlich, allezeit überströmend in dem Werk des Herrn."*

Gott sei Dank, daß Petrus durch einen Zusammenbruch dahin gebracht wurde, seine eigene Schwachheit zu entdecken, und daß er tief genug gefallen ist, wodurch sein Selbstvertrauen zerschlagen wurde. Waren die Fehler, die wir bis jetzt begangen haben, nicht ernsthaft genug, um uns von unserer Unzuverlässigkeit zu überzeugen? Wir beten im Licht, so daß wir unseren Zustand erkennen; aber ist das Wissen um unsere vergangenen Verfehlungen nicht Licht genug, um uns dazu zu bringen, daß wir tief zerknirscht sind und vor Gott niederfallen und ihn bitten, uns zu erneuern wie Petrus?

Als Petrus aufgrund seines Versagens sah, was für ein Mensch er war, *„ging (er) hinaus und weinte bitterlich“*. Von dieser Stunde an begann der Herr, ihn zu erneuern, bis sein Charakter seinem neuen Namen entsprach; und danach war er fähig, die Schlüssel des Reiches mit Vollmacht zu gebrauchen.

Wir können nicht erwarten, daß wir so außergewöhnliche Instrumente wie Petrus werden, aber wir vertrauen dem Herrn, daß er uns barmherzig ist und in unserem Leben eine Umwandlung schafft wie in dem des Petrus. Unser Wesen muß von Grund auf geändert werden, wenn wir Mitarbeiter Christi werden wollen, die diesen Namen verdienen.

III. Liebe zu den Menschen

Spr. 17:5; Mk. 10:45; Luk. 19:10; Joh. 10:10; Luk. 15

Die Liebe zu den Brüdern ist eine grundlegende und entscheidende Voraussetzung im Leben jedes Mitarbeiters; aber nicht weniger entscheidend ist die Liebe zu allen Menschen. Salomo hat gesagt: *„Wer den Armen verspottet, verhöhnt dessen Schöpfer“* (Spr. 17:5). Gott ist der Schöpfer aller Menschen, und wer einen unter ihnen nicht leiden kann oder verachtet, taugt nicht zum Diener Gottes. Es stimmt, daß der Mensch gefallen ist, aber dieser gefallene Mensch ist zum Objekt der erlösenden Liebe geworden. Und der Herr, der den Menschen erlöste, ist selbst zum Menschen geworden – zu einem Menschen wie wir, der sich allmählich vom Kind zum erwachsenen Mann entwickelt hat. Nachdem Gott dann in der Person seines Sohnes den Menschen nach seinem Herzen gewonnen und zu seiner Rechten erhöht hatte, wurde die Gemeinde ins Dasein gebracht: der „eine neue Mensch“ in ihm.

Wenn wir anfangen, das Wort Gottes wirklich zu verstehen, dann stellen wir fest, daß der Begriff „Kinder Gottes“ nicht soviel Gewicht hat wie der Begriff „Mensch“; und es wird uns auch klar, daß die göttliche Erwählung, die Wahl, die Gott getroffen hat, einen verherrlichten korporativen Menschen zum Ziel hatte. Sehen wir, welchen Platz der Mensch im Vorsatz Gottes einnimmt, wie der Mensch der Brennpunkt seines ganzen Denkens ist, wie der Herr sich gedemütigt hat, um selbst Mensch zu werden, so führt uns dies zu einer Wertschätzung der ganzen Menschheit.

Als unser Herr auf der Erde war, sagte er: *„Auch der Sohn des Menschen ist nicht gekommen, um bedient zu werden, sondern um zu dienen und sein Leben zu geben als Lösegeld für viele“* (Mk. 10:45). Er sagte nicht, der Sohn Gottes sei gekommen, um den Menschen zu dienen; vielmehr sagte er, daß „der Sohn des Menschen“ gekommen ist. Hier sehen wir die Haltung des Herrn gegenüber den Menschen.

Ein ernstes Problem bei vielen, die in der christlichen Arbeit stehen, ist ihr Mangel an Liebe zum Menschen, ihr Mangel an Achtung vor dem Menschen, ihr geringes Bewußtsein davon, welchen Wert der Mensch in Gottes Augen hat. Wir bilden uns heute schon ein, eine hohe Stufe erreicht zu haben, wenn wir anfangen, Gottes Kinder zu lieben. Doch ist dies genug? Nein, unser Herz muß viel weiter werden; wir müssen sehen, daß alle Menschen für

Gott kostbar sind. Zweifellos seid ihr an einigen besonders intelligenten Leuten interessiert, an einigen, die sich in irgendeiner Hinsicht auszeichnen; aber es geht nicht darum, ob dir irgendwie hervorstechende Menschen wichtig sind, sondern darum, ob dir der Mensch wichtig ist. Diese Frage hat große Bedeutung. Die Formulierung *„der Sohn des Menschen ist ... gekommen“* bringt in erster Linie zum Ausdruck, daß für den Herrn der Mensch von größter Wichtigkeit war. Der Mensch war für den Herrn so wichtig, daß er selbst Mensch wurde. Wie wichtig ist dir der Mensch? Vielleicht denkst du: Ach, der da hat nicht viel Wert, oder: Mit dieser Person ist nicht viel anzufangen. Wie aber hat unser Herr solche Menschen angesehen? Er kam als Sohn des Menschen mitten unter die Menschen. Für so wert erachtete er sie, daß er selbst Mensch wurde, um den Menschen im vollsten Ausmaß dienen zu können. Es ist eine seltsame und auch betrübliche Tatsache, daß viele Kinder Gottes kaum ein Herz für die Menschen haben. Geschwister, wißt ihr, was das bedeutet: „Der Sohn des Menschen ist gekommen“? Es bedeutet, daß Christus um die ganze Menschheit besorgt war. Was für ein unnormaler Zustand ist es, wenn wir uns nur für eine bestimmte Auslese interessieren!

Es ist eine Grundanforderung an jeden Mitarbeiter, daß ihm viel am ganzen Menschengeschlecht liegt und nicht nur an einem gewissen Ausschnitt desselben. „So sehr hat Gott die Welt geliebt ...“ Gottes

Liebe hat alle Menschen eingeschlossen, und so soll es bei uns auch sein. Wir dürfen unsere Liebe nicht auf seine Kinder oder sonst auf eine bestimmte Gruppe von Menschen beschränken, vielmehr soll sie allen gelten.

Jahrelang sind wir durch die Lehre, die wir empfingen, daran gewöhnt worden, von bestimmten Menschen als von unseren „Brüdern" zu sprechen und von der Gesamtheit der Menschen als von unseren „Mitmenschen"; vielleicht haben wir dadurch in uns eine wachsende Wertschätzung für die Tatsache, daß manche Menschen tatsächlich unsere Brüder sind. Aber schätzen wir auch die andere Tatsache, daß alle Menschen unsere Mit-Menschen sind? Leider haben viele, die sich als Knechte des Herrn bezeichnen, ihr Herz niemals für ihre Mitmenschen geöffnet. Wenn wir es nur tief in unserem Innern erfassen würden, daß Gott unser Schöpfer ist und wir alle gemeinsam seine Geschöpfe! Wie könnten wir dann andere in irgendeiner Weise ausnützen? Wenn wir im Umgang mit unseren Mitmenschen unsere eigenen Interessen verfolgen, wird unsere Arbeit in den Augen Gottes von sehr begrenztem Wert sein, wie groß auch ihre äußere Ausdehnung sein mag.

„Der Sohn des Menschen ist nicht gekommen, um bedient zu werden, sondern um zu dienen und sein Leben zu geben als Lösegeld für viele" (Mk. 10:45). *„Denn der Sohn des Menschen ist gekommen, zu suchen und zu erretten, was verloren ist"* (Luk.

19:10). *„Ich bin gekommen, damit sie das Leben und es überfließend haben sollen“* (Joh. 10:10, gr.). Um des Menschen willen ist der Herr Jesus auf die Erde gekommen, und der Zweck seines Kommens war es, den Menschen zu dienen. Sein brennendes Interesse am Menschen hat ihn vom Himmel auf die Erde gebracht, damit er den Menschen dienen und sogar sein Leben für ihre Erlösung ausgießen konnte. Eine leidenschaftliche Liebe zu den Menschen war die treibende Kraft. Sein Dienst an den Menschen entsprang seiner Liebe zu ihnen; und weil seine Liebe grenzenlos war, konnte er in seinem Dienen sogar bis zum Tod am Kreuz gehen.

Wenn du den Ungeretteten das Evangelium predigen willst, aber niemals von den Worten berührt worden bist: „Gott schuf den Menschen“, so daß du ihnen als deinen Mitmenschen begegnest, und wenn du niemals mehr als nur ein vorübergehendes Interesse an den Menschen gehabt hast, bist du untauglich, Christus als „Lösegeld für viele“ zu verkündigen. Es muß uns aufgehen, daß Gott den Menschen in seiner Gleichheit geschaffen und daß er seine Liebe auf ihn gerichtet hat, weil der Mensch ihm über alle Maßen kostbar war. Solange der Mensch nicht zum Objekt unserer Liebe wird, können wir nicht zu einem Diener der Menschen werden.

Viele christliche Arbeiter haben ihren Mitmenschen gegenüber eine völlig falsche Haltung. Sie betrachten sie als eine Last, und manchmal nehmen sie

Anstoß an ihrem Tun und vermögen ihnen nicht einmal zu vergeben. Wie können wir, die wir selbst von Natur aus Sünder sind, überhaupt zögern, anderen Sündern zu vergeben? Warum bringen wir für ihre Schwachheiten und Mängel kein Verständnis auf? Gibt es für uns eine andere Möglichkeit, als sie zu schätzen, wenn wir ihren Wert für den Herrn kennen? Er, der gute Hirte, konnte alles verlassen und sich aufmachen, um ein verlorenes Schaf zu finden; der Heilige Geist konnte nach einer einzigen verlorenen Münze suchen; und der Vater konnte ausgehen, um einen einzigen verlorenen Sohn willkommen zu heißen. In den Gleichnissen von Lukas 15 sehen wir, daß die göttliche Liebe sich verschwendet, um auch nur eine einzige Seele zu retten. Ist es möglich, daß wir gar nicht merken, wie sehr Gott den Menschen liebt?

Geschwister, seid ihr fähig, im Licht von Gottes leidenschaftlichem Besorgtsein um den Menschen eure Nächsten gleichgültig zu betrachten? Wir werden im Dienst des Herrn unbrauchbar sein, es sei denn, unser Herz und unser Horizont werden erweitert. Wir müssen den Wert sehen, den Gott den Menschen verliehen hat; wir müssen den Platz sehen, den der Mensch in Gottes ewigem Vorsatz einnimmt; wir müssen die Bedeutung des Erlösungswerkes Christi sehen. Sonst brauchen wir uns nicht einzubilden, armselige Geschöpfe wie du und ich könnten je an dem großen Werk Gottes teilhaben. Wie kann irgend jemand gebraucht werden, um

Seelen zu retten, der die Seelen nicht liebt? Wenn nur dieses grundsätzliche Problem unseres Mangels an Menschenliebe gelöst werden kann, werden sich auch unsere vielen anderen Schwierigkeiten im Umgang mit den Menschen lösen. Wir finden manche Leute zu unwissend und andere zu grob, aber diese Probleme werden verschwinden, wenn unser Grundproblem, der Mangel an Menschenliebe, beseitigt ist. Steigen wir von unserem Podest herunter und lernen wir, unseren Platz als Menschen unter den anderen Menschen einzunehmen; dann werden wir niemanden mehr verachten.

Manche Mitarbeiter, die in der Stadt aufgewachsen sind, gehen aufs Land hinaus und geben sich unter der Landbevölkerung als die Überlegenen. Wie sehr unterscheiden sie sich damit von dem Sohn des Menschen, der gekommen ist, um ein Diener aller zu sein! Wenn du irgendwo hingehst, um das Evangelium zu verkündigen, und nicht als ein Menschensohn gehst, dann wird sich deine Mission als erfolglos erweisen. Tust du deine Arbeit unter anderen in einer herablassenden Haltung, dann betrüge dich nicht selbst, indem du deine Herablassung als christusähnliche Demut ansiehst. Bewußte Herablassung ist gefälschte Demut. Echte Demut ist unbewußt. Als Christus unter die Menschen kam, kam er als ein wahrer Mensch. Er lebte als Mensch inmitten der anderen. Viele Mitarbeiter erwecken im Umgang mit ihren Nächsten den Eindruck, als würden sie den anderen eine Gunst damit erweisen, daß sie sich mit ihnen abgeben. Unser Benehmen sollte anderen niemals den Eindruck geben, daß wir uns von ihnen unterscheiden. Können wir nicht als Menschensöhne unter den Menschen leben, so werden wir weder wahre Diener der Menschen noch wahre Diener Gottes sein. Gottes Mitarbeiter müssen so vom Selbst entleert sein, daß ihnen ihre Demut gar nicht bewußt wird. Ein noch unwissender, ungeretteter Mensch unterscheidet sich von dir und mir in keiner anderen Hinsicht als darin, daß wir gerettet sind und er nicht. Er hat einen Platz in Gottes Schöpfungsplan genau wie du und ich; er hat einen Platz in Gottes Erlösungsplan genau wie du und ich; und er hat einen potentiellen Wert für Gott genau wie du und ich.

Vielleicht sagst du: Die Unwissenheit oder Beschränktheit anderer Menschen bereitet mir keine Probleme; aber ich bekomme Schwierigkeiten, wenn ich mit betrügerischen und moralisch verkommenen Menschen zu tun habe. Wie soll ich mich ihnen gegenüber verhalten? – Da genügt ein Rückblick auf dein eigenes Leben. Wo warst du, als die Gnade Gottes dich fand? Und wo wärst du heute ohne die Gnade Gottes? Wenn du in irgendeiner Hinsicht anders bist als sie, verdankst du dies nur seiner Gnade. Überlege einmal, was die Gnade Gottes für dich getan hat. Wenn du seine Gnade betrachtest, wirst du dich vor ihm beugen müssen und sagen: „Von Natur aus bin ich ebenso sündig wie sie, aber ich bin ein durch Gnade geretteter Sünder."

Eine Betrachtung dessen, was die Gnade Gottes für uns getan hat, wird uns niemals überheblich machen; sie wird uns immer dazu veranlassen, uns vor dem Herrn zu beugen. Bist du anders als andere Menschen, dann laß dich fragen: „Wer gibt dir einen Vorrang? Was aber hast du, das du nicht empfangen hast? Wenn du es aber auch empfangen hast, was rühmst du dich, als hättest du es nicht empfangen?" Der Anblick der Sünde soll uns zurückschaudern lassen, aber auf die Person des Sünders sollen wir in Liebe zugehen.

Zwar hat jeder Knecht Gottes seine eigene spezielle Funktion, aber wir dürfen nicht vergessen, daß alle wahren Diener Gottes, wie verschieden ihre Funktionen auch sein mögen, sich in einer Beziehung gleichen: Ihnen allen sind die Menschen wichtig, sogar sehr wichtig. Wenn du dich nicht zu den Sündern hingezogen fühlst, sondern ihnen lieber aus dem Weg gehst, was hoffst du dann mit deinem Predigen des Evangeliums zu erreichen? Schreckt auch ein Arzt vor den kranken Patienten zurück? Wenn wir die Verlorenen deshalb suchen, weil wir die Kostbarkeit jeder Seele in Gottes Augen gesehen haben, dann werden wir nicht unter dem Zwang der Pflichterfüllung zu ihnen gehen, sondern uns unwiderstehlich zu ihnen hingezogen fühlen. Begegnen wir ihnen in der Spontaneität der Liebe, so werden wir feststellen, daß sich uns ein unbegrenztes Feld für den Dienst eröffnet, und wir werden in der Barmherzigkeit Gottes solche Diener werden, die für ihn zählen.

Wenn wir doch sehen würden, daß jedes menschliche Wesen eine lebendige Seele mit unermeßlichen Möglichkeiten ist! – Wie anders haben wir gegenüber den Geretteten gefühlt, seit wir uns bewußt wurden, daß wir „Mitbürger der Heiligen“ sind! Einen ähnlichen Umbruch wird es in unserem Empfinden gegenüber den Ungeretteten geben, wenn das göttliche Licht über uns aufgeht und wir wirklich jeden als einen Mit-Menschen ansehen. Dann werden wir die Menschen schätzen und lieben und das Verlangen des Herrn teilen, der sie für sich selbst gewinnen will, damit sie in seiner Hand zu Material für den Aufbau seiner Gemeinde werden. Wenn du oder ich irgendeine Menschenseele verachten, sind wir nicht würdig, im Dienst des Menschensohnes zu stehen; denn seine Arbeiter sind Diener der Menschen, die es als ihre Freude betrachten, ihren Nächsten zu dienen.

IV. Gutes Zuhören

Eine andere Eigenschaft, die wir im Leben jedes Mitarbeiters erwarten, ist die Fähigkeit des Zuhörens. Zwar betrachten viele Leute dies als eine vergleichsweise unbedeutende Angelegenheit, aber Erfahrung und Beobachtung haben uns das klare Gegenteil bewiesen.

Wer immer dem Herrn dienen will, muß die Gewohnheit erwerben, dem Sprechen anderer Menschen zuzuhören, und zwar nicht nur obenhin, sondern aufmerksam und mit dem Ziel, das Gesagte aufzunehmen und zu verstehen. Wendet sich ein Christ wegen einer ihm bewußten Schwierigkeit hilfesuchend an einen Diener des Herrn, so sollte dieser, indem er dem Bericht seines Bruders zuhört, drei verschiedene Arten des Sprechens unterscheiden können – nämlich die Worte, die er artikuliert, die Worte, die er zurückhält, und die Worte, die er nicht auszusprechen vermag, weil sie in der Tiefe seines Geistes verborgen liegen.

Zunächst ist es wichtig, daß wir auf das Hören dessen bedacht sind, was der andere tatsächlich ausspricht. Es kommt darauf an, daß wir zuhören, bis wir wissen, worum es ihm letztlich geht. Das heißt, wir müssen in innerer Ruhe vor Gott sein, so daß unser Verstand klar und unser Geist still ist, denn Zuhören stellt hohe Anforderungen. Ich möchte euch fragen: Seid ihr vom Verstand her fähig, einem Menschen bis zum Ende zu folgen, während er mühsam versucht, seine Schwierigkeit zu erklären? Ich fürchte, wenn mehrere von euch gleichzeitig derselben Person zuhörten, dann gäbe es am Ende ebensoviele verschiedene Eindrücke von dem Problem dieses Menschen, wie es Zuhörer gibt.

Wir kommen nicht umhin, uns feste Zügel anzulegen, wenn wir hörende Ohren bekommen wollen. Unsere Ohren müssen zum Hören geschult werden. Nur wenn wir eine starke Selbstdisziplin üben, werden wir der Geschichten nicht überdrüssig werden, die hilfesuchende Menschen in unsere Ohren ausgießen. Sonst aber werden wir, längst bevor sie aufhören zu sprechen, abschalten und in bezug auf ihr Problem unsere voreiligen Schlüsse ziehen. Oder wir hören ihrem Sprechen gar von Anfang an unaufmerksam zu, weil wir so von der Wichtigkeit dessen beeindruckt sind, was wir selbst mitzuteilen haben, daß wir nur auf eine Gelegenheit warten, um die anderen zu unterbrechen und selbst wieder die Rolle des Redenden zu übernehmen, in der Hoffnung natürlich, daß jene sich als gute Zuhörer erweisen.

Oft geschieht es, daß ein Mitarbeiter, der eine Zeitlang über ein bestimmtes geistliches Thema nachgedacht hat, so mit seinen Gedanken darüber gefüllt ist, daß er sofort mit diesem Thema aufwartet, das ihn beschäftigt hat, wenn ein Bruder sich mit einem Kummer hilfesuchend an ihn wendet. Und dann, wenn ein anderer Bruder ganz frisch und fröhlich daherkommt, wird ihm genau dasselbe verabreicht und ebenso allen anderen, die diesen Mitarbeiter aufsuchen – ganz ungeachtet ihres jeweiligen Zustandes.

Die Hilfe im Bereich des christlichen Werkes ist schwieriger als klinische Hilfe für einen Patienten, denn der Arzt, der dem Kranken Erleichterung schaffen will, besitzt ein Laboratorium, wo er Tests machen kann, die ihm die Diagnose der verschiedenen Fälle erleichtern, während ein Mitarbeiter Christi seine Diagnose ohne solch eine Hilfe stellen muß. Wenn jemand zu dir kommt, eine halbe Stunde lang dasitzt und dir Einzelheiten über seinen Zustand mitteilt – wie willst du fähig sein, den Ursprung seiner Schwierigkeiten zu erkennen, wenn du nicht einmal aufmerksam zuhören kannst? Alle, die dem Herrn dienen, müssen unbedingt die Fähigkeit entwickeln, dem Sprechen der Menschen zuzuhören, bis sie Experten darin sind und das spezifische Problem jedes einzelnen zu erkennen vermögen.

Zweitens brauchen wir, wenn Hilfesuchende mit uns sprechen, auch ein Ohr für das, was sie zurückhalten und nicht sagen. Natürlich ist es schwieriger, unausgesprochene Worte klar aufzunehmen, als gesprochene zu hören, aber wir müssen lernen, so aufmerksam zu lauschen, daß wir die unhörbaren Worte ebenso gut erfassen wie die hörbaren. Wenn Menschen uns in ihren Angelegenheiten um Rat fragen, kommt es nicht selten vor, daß sie nur die halbe Geschichte erzählen und die andere Hälfte verschweigen. Hier wird die Fähigkeit des Mitarbeiters geprüft: Bist du ein ungeeigneter Mitarbeiter, so wirst du nur das ausdrücklich Gesagte hören oder, indem du zwischen den Zeilen zu lesen versuchst, deine eigenen Gedanken unterschieben, die niemals im Herzen des Sprechers waren. Das Ergebnis wird sein, daß du den mißverstehst, der deine Hilfe sucht. Willst du richtig zwischen den Zeilen lesen, dann kommt es darauf an, daß deine Beziehung zum Herrn sehr eng ist. Wie kannst du, wenn ein Mensch in Not nur von seinen äußerlichen Schwierigkeiten spricht und nichts von dem eigentlichen Problem sagt, seinen Zustand erkennen? Du kannst seinen Zustand nur erkennen, wenn deine eigenen Angelegenheiten vor Gott geklärt sind.

Drittens brauchen wir die Fähigkeit, zu entdecken, was der Geist der betreffenden Personen sagt. Jenseits aller Worte, die ein Mensch ausspricht und die er bewußt zurückhält, gibt es noch das, was wir als die Worte aus seinem Geist bezeichnet haben. Wenn ein hilfesuchender Christ seinen Mund öffnet und spricht, dann spricht auch sein Geist. Die Tatsache, daß er über sich selbst zu sprechen bereit ist, gibt dir die Möglichkeit, seinen Geist zu berühren. Sind seine Lippen versiegelt, so gibt es kaum eine Möglichkeit, zu wissen, was in seinem Geist vor sich geht; doch wenn er seinen Mund öffnet, kann sein Geist sich mehr oder weniger befreien, auch wenn der Sprechende sich noch so sehr zu beherrschen versucht. Deine Fähigkeit, das Sprechen des Geistes zu unterscheiden, wird von dem Maß deiner eigenen geistlichen Erfahrung abhängen. Wenn du dein eigenes Herz in der Gegenwart Gottes behandelt und dadurch Einsicht erlangt hast, wirst du die Worte wahrnehmen können, die jener Bruder ausgesprochen hat, die er zurückgehalten hat und die er tief in seinem Sein spricht. Du wirst fähig sein, die vom Verstand her faßbare Schwierigkeit, die er definiert hat, und auch die nicht definierte geistliche Schwierigkeit zu erkennen; und du wirst fähig sein, die entsprechende Medizin zu verabreichen, welche dieser Fall erfordert.

Leider sind sehr wenige Christen gute Zuhörer. Man könnte eine ganze Stunde lang versuchen, ihnen das Problem zu erklären, und am Ende hätten sie doch nur eine verschwommene Vorstellung davon. Unser Hören ist nicht genau genug. Können wir nicht einmal hören, was die Menschen zu uns sagen, wie wollen wir dann hören, was Gott zu sagen hat? Wir dürfen dies nicht als etwas Unwichtiges ansehen. Lernen wir nicht hören, mit Verständnis hören, so werden wir unfähig sein, mit einem Hilfesuchenden richtig umzugehen, selbst wenn wir große Bibelleser und große Bibellehrer werden und auf allen möglichen Arbeitsgebieten etwas leisten. Wir sollen nicht nur fähig sein, zu den Menschen zu sprechen, sondern auch fähig, ihnen zu helfen. Doch wie kann es je dazu kommen, wenn wir nur gelernt haben, unseren Mund zu gebrauchen, nicht aber unsere Ohren? Es kommt sehr darauf an, daß wir uns der Ernsthaftigkeit dieses Mangels bewußt werden.

Von einem alten Arzt wird erzählt, daß sein medizinisches Arsenal nur aus zwei Medikamenten bestand – aus Rizinusöl und Chinin. Unter welcher Beschwerde seine Patienten auch litten – er verschrieb ihnen ausnahmslos entweder das eine oder das andere. Viele Mitarbeiter behandeln die, welche zu ihnen kommen, auf ebensolche Weise. Sie haben ein oder zwei Lieblingsthemen, und mögen die Leiden derer, die sie aufsuchen, auch noch so verschieden sein, immer sprechen sie mit ihnen nur von ihrem einen oder ihren zwei Lieblingsthemen. Solche Mitarbeiter vermögen anderen nicht wirklich zu helfen, weil sie nur sprechen und nicht zuhören können. Wie nun erlangen wir die Fähigkeit, den Menschen zuzuhören und ihr Sprechen zu verstehen?

1) Wir dürfen nicht subjektiv sein. Subjektivität ist einer der Hauptgründe, warum die Menschen schlechte Zuhörer sind. Wenn du deine eigenen Vorstellungen über die Menschen hast, wirst du es schwierig finden, das von ihnen Gesagte aufzunehmen, weil dein Verstand bereits mit deinen eigenen Schlußfolgerungen ausgefüllt ist. Du bist so von dei-

nen Gedanken besetzt, daß die Auffassungen anderer nicht in deinen Verstand hineingelangen können. Du bist so fest überzeugt davon, das Allheilmittel für alle Krankheiten entdeckt zu haben, daß du allen dieselbe Medizin anbietest, mögen die Nöte der Hilfesuchenden auch noch so verschieden sein. Wie kann ein Mitarbeiter dem Aufmerksamkeit schenken, was andere ihm von ihrer Not erzählen, wenn er, bereits bevor sie den Mund öffnen, überzeugt ist, daß er ihr Problem kennt und das Heilmittel in der Hand hat? Wir müssen den Herrn bitten, daß er uns von dieser Subjektivität rettet. Laßt uns zu ihm kommen und beten, daß er uns befähigt, in allen unseren Begegnungen mit anderen Menschen unsere eigenen Vorurteile und Schlußfolgerungen fallenzulassen, und daß er selbst uns unterweist, so daß wir zu einer wirklichen Diagnose jedes Falles kommen.

2) Wir dürfen unsere Gedanken nicht schweifen lassen. Viele Gläubige wissen nichts davon, daß der Verstand diszipliniert werden muß. Tag und Nacht, ununterbrochen, schweifen ihre Gedanken umher. Sie konzentrieren sich niemals, sondern lassen ihre Vorstellungen hierhin und dorthin wandern, bis ihr Verstand eine solche Menge von Dingen aufgehäuft hat, daß sie nichts mehr aufzunehmen vermögen. Wenn Menschen mit ihnen sprechen, können sie dem, was sie sagen, nicht folgen, sondern nur dem Zug ihrer eigenen Gedanken nachgeben und von den Dingen sprechen, die sie beschäftigen. Es ist

wesentlich, daß wir unseren Verstand zur Ruhe bringen, so daß wir hören und aufnehmen können, was uns gesagt wird.

3) Wir müssen lernen, uns in das Empfinden der anderen hineinzuversetzen. Selbst wenn du dem Sprechen eines Menschen aufmerksam zuhörst, wirst du nicht verstehen können, was er braucht, es sei denn, du kannst dich mitfühlend in seine Lage versetzen. Kommt jemand in tiefer Niedergeschlagenheit zu dir, und du legst eine strahlende und beschwingte Art an den Tag und bleibst von seinem Kummer unberührt, so wirst du niemals eine wirkliche Diagnose seiner Krankheit stellen können. Hat Gott dein Gefühlsleben noch keiner Behandlung unterzogen, wirst du, wenn andere ihre Freude zum Ausdruck bringen, nicht durchbrechen und einstimmen können, und wenn sie ihren Kummer zum Ausdruck bringen, wirst du diesen nicht teilen können; infolgedessen wirst du nicht richtig verstehen, was sie meinen, selbst wenn du den von ihnen ausgesprochenen Worten gut zuhörst.

Denken wir stets daran, daß wir um Christi willen die Diener der anderen sind; wir sollten ihnen nicht nur unsere Zeit und Kraft zur Verfügung stellen, sondern ihnen auch unsere Liebe zuwenden. Von dem Herrn Jesus heißt es, daß er mitfühlte mit unseren Schwachheiten. Gott stellt an diejenigen, die ihm dienen, sehr hohe Anforderungen. Es wird uns nicht erlaubt, unseren eigenen Dingen nachzuhängen. Wenn wir unserem eigenen Lachen und unseren eigenen Tränen, unserem eigenen Gefallen und Mißfallen nachgeben müssen, werden wir zu besetzt sein, so daß wir uns den anderen nicht uneingeschränkt geben können. Halten wir an unseren eigenen Freuden und Kümmernissen fest, wollen wir unsere eigenen Interessen nicht fallenlassen, dann werden wir wie ein Zimmer sein, welches so mit Möbeln vollgestellt ist, daß nichts mehr darin Platz hat. Oder anders gesagt: Alle unsere Gefühle verbrauchen sich für uns selbst, und wir haben nichts mehr für andere übrig. Es sollte uns bewußt sein, daß unsere seelische Kraft ebenso ihre Grenzen hat wie unsere körperliche Energie. Unsere Gefühlskräfte sind nicht grenzenlos. Erschöpft sich unsere Sympathie in einer Richtung, so haben wir in anderer Richtung nichts mehr zu geben. Daher kann niemand ein Diener des Herrn sein, der eine übermäßige Zuneigung zu einem einzelnen Menschen hat. Der Herr selbst hat gesagt: *„Wenn jemand zu mir kommt und haßt nicht seinen Vater und seine Mutter und seine Frau und seine Kinder und seine Brüder und Schwestern..., so kann er nicht mein Jünger sein“* (Luk. 14:26).

Die grundlegende Notwendigkeit für jeden, der im Werk des Herrn mitarbeitet, besteht darin, daß er das Kreuz aus der Erfahrung kennt; sonst werden wir in uns selbst gefangen sein und von unseren eigenen Gedanken und Gefühlen regiert werden. Es gibt für niemanden einen billigen und leichten Weg, um für Gott und für seine Mitmenschen brauchbar zu sein. Laßt uns daran denken, daß schlechte Zuhörer niemals gute Arbeiter sein werden; und damit wir gute Zuhörer werden, wird das Kreuz tief in unserem Leben wirken müssen, um uns zu befreien von der Beschäftigung mit uns selbst, die uns taub für die Bedürfnisse anderer macht. Ein tiefes Werk des Kreuzes in unserem Leben wird eine innere Ruhe hervorbringen, die uns zu geduldigen Hörern macht. Das heißt nicht, daß wir die Menschen stundenlang reden lassen sollen und nur still dasitzen und zuhören; es heißt vielmehr, daß wir ihnen ausreichend Gelegenheit geben, zu erklären, was sie auf dem Herzen haben.

Es gibt unter den Mitarbeitern ein weitverbreitetes Mißverständnis. Sie meinen, die wichtigste Voraussetzung zum Dienen sei, daß man reden könne. Weit gefehlt! Um wirkungsvolle Arbeiter zu sein, brauchen wir geistliche Klarheit, brauchen wir Unterscheidungsvermögen in bezug auf die Lage all derer, die uns aufsuchen, brauchen wir einen ruhigen Verstand, mit dem wir der Beschreibung ihres Falles zuhören, und brauchen wir einen ruhigen Geist, so daß wir über das hinaus, was sie selbst sagen, ihre wahre Lage erkennen können. Wir selbst müssen in einer klaren Beziehung zum Herrn bleiben, so daß wir innere Klarheit haben und eindeutig unterscheiden können, was den anderen fehlt, und aufgrund einer klaren Diagnose fähig sind, genau die Medizin zu verabreichen, die im Einzelfall gebraucht wird.

V. Zurückhaltung im Reden

Jak. 3:11; Pred. 5:3; 1.Tim. 3:8; Mt. 5:37; Eph. 5:4; Jes. 50:4

Wegen mangelnder Zurückhaltung im Reden ist die Brauchbarkeit vieler Mitarbeiter sehr herabgesetzt. Sie könnten vollmächtige Werkzeuge im Dienst des Herrn sein, aber ihre Arbeit hat wenig Auswirkungen, weil ihnen durch ihr achtloses Reden ständig soviel Kraft verlorengeht.

Im 3. Kapitel seines Briefes fragt Jakobus: *„Die Quelle sprudelt doch nicht aus derselben Öffnung das Süße und das Bittere hervor?“* (V.11). Wie kann ein Mitarbeiter, der unüberlegt über alles mögliche redet, erwarten, daß der Herr ihn zum Sprechen seines Wortes gebraucht? Hat Gott einmal sein Wort auf unsere Lippen gelegt, dann tragen wir eine ernste Verpflichtung, diese Lippen allein für seinen Dienst zu bewahren. Wir können Gott nicht an einem Tag ein Glied unseres Leibes zur Verfügung stellen und es ihm am nächsten Tag wieder entziehen, um es nach eigenem Belieben zu gebrauchen. Was wir ihm einmal gegeben haben, gehört ihm für immer.

In 4.Mose 16 wird uns berichtet, wie Korah und seine Gefährten sich im Widerstand gegen Mose und Aaron verbündeten. Jeder der zweihundertfünfzig nahm seine Räucherpfanne, füllte sie mit Feuer und trat damit vor den Herrn. Sie alle kamen wegen ihrer Vermessenheit um, aber Gott wies Mose an, die Räucherpfannen aufzuheben. Beachtet, aus welchem Grund sie aufgehoben werden sollten: *„Und der Herr redete mit Mose und sprach: Sage Eleasar, dem Sohn des Priesters Aaron, daß er die Pfannen aufhebe aus dem Brand und streue das Feuer weit hinweg. Denn die Pfannen dieser Sünder, die umgekommen sind, gehören dem Heiligtum. Man schlage sie zu breiten Blechen, daß man den Altar damit überziehe; denn sie haben sie hingebracht vor den Herrn, deshalb sind sie heilig"* (Vv.36-38, hebr.). Was dem Herrn einmal gegeben worden ist, das ist für ihn abgesondert und kann nicht später wieder für einen gewöhnlichen Zweck gebraucht werden.

In Prediger 5:3 heißt es, daß man da, wo viel Worte sind, den Toren hört. Durch unser Geschwätz verraten wir unsere Torheit. Wir meinen, wir müßten einer bestimmten Person unbedingt das und das erzählen, und natürlich geht es uns in zahllosen anderen Fällen ebenso. Es scheint immer ein guter Grund dafür vorhanden zu sein, daß man jemandem etwas erzählt. Wie gerne reden viele unter uns! Wie gerne sagen sie vor allem weiter, was sie von anderen gehört haben! Und dabei wird beständig viel geistliche Energie verschleudert.

Im Zusammenhang mit unserem Reden verdienen einige Dinge unsere Aufmerksamkeit. Erstens einmal sollten wir darauf achten, welcher Art von Sprechen wir gerne zuhören. Auf diese Weise können wir uns selbst kennenlernen, denn das, was wir gern hören, zeigt uns, wer wir sind. Manche Menschen vertrauen dir nie etwas an, weil sie wissen, daß ihre Anliegen bei deinesgleichen kein Echo finden; andere jedoch kommen ohne Scheu zu dir und bringen dir die letzten Neuigkeiten zu Ohren, weil sie entdeckt haben, daß du für solche Dinge aufgeschlossen bist. Du kannst dich selbst richten, indem du den Dingen, die man dir erzählen möchte, keine Beachtung mehr schenkst.

Zweitens können wir beobachten, welchen Aussagen wir am schnellsten Glauben schenken; denn was wir leicht glauben, offenbart unsere Veranlagung. Wir sind in bestimmter Hinsicht leichtgläubiger als in anderer Hinsicht, und die Richtung unserer Leichtgläubigkeit verrät unsere schwache Stelle. Normalerweise richtet sich das Angebot nach der Nachfrage. Und manchmal verleitet uns unsere Veranlagung dazu, sogar das Unglaubhafte zu glauben, besonders wenn versichert wird, daß der Sprecher sie aus einer guten Quelle habe.

Drittens sollten wir darauf achten, ob wir Geschichten, die wir von anderen gehört und denen wir ohne näheres Zusehen Glauben geschenkt haben, auch wieder unseren Nächsten weiterzugeben pflegen. Ist euch der Vorgang deutlich? Ein bestimmter Mensch mit einer bestimmten Veranlagung sagt bestimmte Worte, die natürlich durch die Persönlichkeit des Betreffenden gefärbt sind; und weil dieser Mensch mir in manchem entspricht, leihe ich ihm mein Ohr, und etwas von seiner persönlichen Eigenart dringt in die meine ein; danach gebe ich die Geschichte, indem ich sie auch noch mit meinem Wesen färbe, an dritte weiter.

Als nächstes sollten wir nicht übersehen, daß manche im Sprechen zu ungenauen Aussagen neigen. Wenn sie dieselbe Geschichte bei verschiedenen Gelegenheiten erzählen, dann stimmen die einzelnen Berichte nicht überein. In seinem ersten Brief an Timotheus spricht Paulus von solchen Menschen als von „doppelzüngig" (1.Tim. 3:8). Manche sind unbewußt oder aus Schwäche doppelzüngig, aber bei anderen handelt es sich nicht nur um eine Unbeständigkeit im Gemütsleben, sondern um moralische Verderbtheit. Matthäus 21:23-27 berichtet, daß die Hohenpriester und Ältesten des Volkes zum Herrn kamen, während er im Tempel lehrte, und ihn fragten, aus welcher Vollmacht er das tue. Er antwortete mit folgender Frage: *„Woher war die Taufe des Johannes? War sie vom Himmel oder von den Menschen?"* Das brachte die Frager in ein Dilemma, und deshalb überlegten sie untereinander: *„Sagen wir, sie sei vom Himmel gewesen, so wird er zu uns sagen: Warum glaubet ihr ihm denn nicht? Sagen wir aber, sie sei von Menschen gewesen, so müssen wir uns vor* *dem Volk fürchten, denn sie halten alle Johannes für einen Propheten.*" Das Ergebnis ihrer Überlegungen war, daß sie der Wahrheit auswichen und sagten: *„Wir wissen's nicht.*" Ihre Antwort war eine bewußte Unwahrheit. In Matthäus 5:37 lesen wir die Anweisung des Herrn: *„Eure Rede aber sei: Ja, ja; nein, nein. Was darüber ist, das ist vom Übel.*" Es geziemt sich nicht für einen Mitarbeiter Christi, daß er von diplomatischen Erwägungen bestimmt ist und daß er erst nach einem Abwägen der möglichen Auswirkung seiner Worte bei den Hörern entscheidet, was er sagen will. Manchmal hat der Herr geschwiegen, wenn die Menschen ihm mit ihren Fragen eine Falle stellten, aber niemals hat er diplomatisch reagiert. Laßt uns seinem Beispiel folgen und dazu auch den Rat des Paulus annehmen, der an die Korinther geschrieben hat: *„Wenn jemand unter euch meint, weise zu sein in dieser Welt, so werde er töricht, damit er weise werde*" (1.Kor. 3:18). Und an die Römer: *„Ich will aber, daß ihr ... einfältig* (seid) *zum Bösen*" (16:19). Im geistlichen Bereich nützt die Klugheit der Welt gar nichts. Bei vielen Menschen besteht die Schwierigkeit darin, daß sie niemals gelernt haben, ganz einfach ja zu sagen, wenn die Tatsachen ein Ja erfordern, und nein zu sagen, wenn sie wissen, daß die Wahrheit „nein" ist. Ihr Sprechen ist niemals einfach und geradeaus, sondern sorgfältig durchdacht und stets im Einklang mit ihren eigenen Interessen.

Als Diener des Herrn gehen wir ständig mit Menschen um und haben daher viele Gelegenheiten zum

Sprechen und zum Zuhören; daher ist es wesentlich, daß wir strenge Selbstkontrolle üben, um nicht einerseits Prediger des Wortes und andererseits Austeiler von Geschwätz zu sein. Diesen tragischen Fall gibt es leider auch. Wollen wir nicht – gleich vielen anderen vor uns – in diese Falle geraten, so müssen wir sowohl auf unsere Zunge als auch auf unsere Ohren achthaben. Es läßt sich in unserer Arbeit nicht vermeiden, daß wir viele persönliche Dinge zu hören bekommen, und als Mitarbeiter, die etwas ausrichten wollen, müssen wir die Kunst des Zuhörens üben, damit wir den Menschen helfen können; doch auf der anderen Seite müssen wir sie auch davon abbringen, weiter in Einzelheiten zu gehen, sobald es uns innerlich klar ist, was ihnen fehlt. Allzu leicht geschieht es, daß wir unserer natürlichen Neugier nachgeben und uns mehr berichten lassen, als gut ist; daher müssen wir auf der Hut sein. Es gibt eine Art von Wißbegier, eine Informationslust in bezug auf die Angelegenheiten anderer, vor der wir uns in acht nehmen müssen. Einerseits geht es darum, daß wir Zurückhaltung im Reden üben, aber andererseits brauchen wir, um dies zu lernen, erst einmal Zurückhaltung im Hören.

An dieser Stelle erhebt sich die Frage, wie wir das Vertrauen der Menschen gewinnen und bewahren. Wenn jemand uns von seinen geistlichen Schwierigkeiten mitteilt, so bringt er uns damit ein Vertrauen entgegen, das wir zu respektieren haben. Wir dürfen von diesen anvertrauten Dingen nicht sprechen, es sei denn, die Interessen des Werkes erfordern es. Wie kannst du dem Herrn dienen, wenn du Vertrauen, das man in dich gesetzt hat, mißbrauchst? Und doch wirst du es ganz gewiß mißbrauchen, wenn du nicht gelernt hast, deine Zunge im Zaum zu halten. Wir müssen solche Dinge, die uns anvertraut sind, als ein unantastbares Gut behandeln und treu bewahren. Wer uns in seiner Not Geheimnisse des eigenen Lebens anvertraut, tut das nicht um unserer Wissensbereicherung willen. Auch kommen die Menschen nicht um deswillen zu uns, was wir persönlich sind, sondern um des Dienstes willen, den wir ausüben; daher können wir dies nicht als ein persönliches Wissen betrachten, welches wir jedem Beliebigen mitteilen dürften. Wir müssen es lernen, alles, was uns im Vertrauen gesagt worden ist, sorgsam für uns zu behalten. Auf keinen Fall kann man solchen Menschen, die ihre Zunge nicht beherrschen, das Werk des Herrn anvertrauen.

Wo es um unser Reden geht, kommen wir nicht umhin, auch etwas über die schlechte Angewohnheit des Lügens zu sagen. Der doppelzüngige Charakter, von dem wir schon gesprochen haben, ist ein enger Verwandter des Lügners. Jede Äußerung, in der eine Täuschungsabsicht enthalten ist, fällt unter den Begriff der Lüge, und die Absicht, jemanden zu täuschen, ist eine Angelegenheit des Herzens. Wenn man dich etwas fragt und du nicht antworten willst oder antworten kannst, so steht es dir frei, die Antwort höflich zu verweigern; aber täusche den Fragenden nicht. Wir möchten, daß die Menschen der Wahrheit glauben, nicht der Lüge; deshalb haben wir keine Freiheit, durch Aussagen, die an sich wahr sind, einen falschen Eindruck hervorzurufen. Wir müssen es lernen, der wahren Tatsache entsprechend ja zu sagen oder nein zu sagen. Was darüber ist, ist von dem Bösen. Der Herr hat einmal sehr scharf zu einigen, die ihm nachfolgten, gesagt: *„Ihr seid aus dem Vater, dem Teufel ... wenn er die Lüge redet, so redet er aus seinem Eigenen, denn er ist ein Lügner und der Vater derselben"* (Joh. 8:44). Der Teufel ist die Quelle der Lügen, und alle Lügen haben in ihm ihren Ursprung. Wie kann dann ein Mensch, der sich als Diener des Herrn bekennt, seine Lippen dafür hergeben, Worte auszusprechen, die vom Feind des Herrn stammen? Wo so etwas vorkommt, ist es das Anzeichen einer tiefgreifenden Störung im Leben des Betreffenden, und zwar einer Störung allerschwerster Natur. Niemand von uns kann behaupten, daß er in allem, was er sagt, zuverlässig sei (je mehr wir dies anstreben, desto mehr stellen wir in der Tat fest, wie schwierig es ist, in allem, was wir sagen, der Wahrheit zu entsprechen), aber wir müssen die Gewohnheit entwickeln, wahrhaftig zu sein und unbedachte Äußerungen zu vermeiden.

Laßt uns auch alles vermeiden, was Streit auslösen kann. Von dem Herrn wurde geweissagt: *„Er wird nicht streiten noch schreien, noch wird jemand seine Stimme auf den Straßen hören"* (Mt. 12:19). Und

Paulus hat an Timotheus geschrieben: *„Ein Knecht des Herrn aber soll nicht streiten“* (2.Tim. 2:24). Ein Knecht des Herrn sollte sich selbst unter solcher Kontrolle haben, daß er sich nicht auf lautstarke Gespräche einläßt oder auf Unterhaltungen, die an Streit grenzen. Lautes Sprechen ist im allgemeinen ein Zeichen für mangelnde Vollmacht und offenbart in jedem Fall fehlende Selbstdisziplin. Was wir sagen, mag völlig richtig sein, aber die Wahrheit muß nicht durch Lautstärke unterstrichen werden. Wir können der Wahrheit ohne lärmende Betonung unserer Überzeugungen Gehör verschaffen. Laßt uns vor dem Herrn wandeln in der ruhigen Würde, die seinen Dienern ansteht. Natürlich wollen wir keinen künstlichen Ernst oder anerzogenen Gleichmut, denn das Christenleben ist spontan und ungeziert; aber wir müssen uns in der Selbstbeherrschung üben, bis sie zu unserer zweiten Natur geworden ist.

Selbstbeherrschung im Sprechen wird viel Geschwätz und Plaudern ausschalten, welches Paulus in seinem Brief an die Epheser als „nicht angemessen“ bezeichnet (5:4, gr.); es wird auch Spotten und vieles andere ausschalten, was einem Diener Christi nicht ziemt. Wenn wir eine Zuhörerschaft mit unseren interessanten Geschichten, mit witzigen Bemerkungen und mit unserer klugen Kritik unterhalten können, wird es uns nicht möglich sein, in unserem Sprechen für den Herrn die nötige Achtung zu gebieten; unsere Worte werden für die Menschen kein Gewicht haben. Stehen wir vor ihnen, um Gottes

Wort zu verkünden, dann werden sie unser Predigen genau so einstufen wie die Worte, die wir vorher so leichthin ausgesprochen haben. – Laßt uns diese einschneidende Frage in Gottes Wort nicht vergessen: *„Die Quelle sprudelt doch nicht aus derselben Öffnung das Süße und das Bittere hervor?“* Es bedarf keiner mühsamen Vorbereitungen, bevor wir zum Podium gehen, um zu sprechen; aber wir müssen in unserem gewöhnlichen, alltäglichen Sprechen auf uns achthaben, damit wir nicht durch leichtfertiges Reden unsere Vollmacht verlieren und unser Austeilen des Wortes ohne Wirkung bleibt.

Wer sich achtloses Reden angewöhnt, wird gewiß auch die Bibel achtlos lesen. Die Worte dieses Buches sind die einzigen absolut zuverlässigen Worte. Haben wir jedoch keine Wertschätzung für genaues Sprechen, so werden wir auch diese Worte nicht ganz ernst nehmen, und infolgedessen wird unser Verkündigen wenig Gewicht haben. Für die Wirksamkeit der Wortverkündigung bedarf es einer bestimmten Haltung in demjenigen, der verkündigt, und ein Lesen des Wortes erfordert ebendieselbe Haltung. Leichtsinnige Charaktere gehen auch mit dem Wort Gottes leichtfertig um; und so können sie auch nicht erwarten, zu irgendeinem wirklichen Verständnis dieses Wortes zu gelangen. Laßt uns dies anhand des göttlichen Wortes selbst anschaulich machen.

In Matthäus 22 wird uns gesagt, daß die Sadduzäer nicht an die Auferstehung glaubten. Eines Tages kamen sie mit folgender Frage zum Herrn: *„Lehrer, Mose hat gesagt: Wenn jemand stirbt und keine Kinder hat, so soll sein Bruder seine Frau heiraten und soll seinem Bruder Nachkommen erwecken. Es waren aber bei uns sieben Brüder. Und der erste verheiratete sich und starb; und weil er keine Nachkommen hatte, hinterließ er seine Frau seinem Bruder. Ebenso auch der zweite und der dritte, bis auf den siebten. Zuletzt aber von allen starb auch die Frau. Wessen Frau von den sieben wird sie nun in der Auferstehung sein?"* Jesus aber antwortete: *„Ihr irrt, weil ihr die Schriften nicht kennt, noch die Kraft Gottes; denn in der Auferstehung heiraten sie nicht, noch werden sie verheiratet, sondern sie sind wie Engel Gottes im Himmel. Was aber die Auferstehung der Toten betrifft: Habt ihr nicht gelesen, was zu euch geredet ist von Gott, der da spricht: Ich bin der Gott Abrahams und der Gott Isaaks und der Gott Jakobs? Gott ist nicht ein Gott der Toten, sondern der Lebendigen"* (Vv.24-32). Ohne Zweifel lasen die Sadduzäer die Schrift, aber sie kannten sie trotzdem nicht. Ihre eigenen Worte waren leichthin ausgesprochen, und so hatten sie auch keine Wertschätzung für die absolute Genauigkeit von Gottes Sprechen. Unser Herr hat nur einen kurzen Abschnitt aus dem Wort Gottes zitiert, um ihre Frage zu beantworten, nämlich 2.Mose 3:15, wo Gott sich selbst den Gott Abrahams, den Gott Isaaks und den Gott Jakobs nennt. Aus diesen wenigen Worten zog der Herr folgenden Schluß: Ihr Sadduzäer sagt, daß Abraham tot ist, daß Isaak tot ist und Jakob tot ist; Gott jedoch sagt eindeutig, daß er ihr Gott ist, und gibt auch mit Nachdruck zu verstehen, daß er nicht der Gott der Toten, sondern der Lebendigen ist; folglich kann der lebendige Gott einzig aufgrund der Auferstehung ihr Gott sein. – Damit wurden die Sadduzäer zum Schweigen gebracht.

Wenn wir vor dem Richterstuhl stehen werden, entdecken wir vielleicht, daß der Schaden, den wir durch leichtes, oberflächliches Reden angerichtet haben, weit schlimmer ist als die Schäden, die auf andere Ursachen zurückgehen. Dies nämlich richtet sowohl in unserem Leben als auch in dem anderer große Verwüstungen an. Worte, die einmal über unsere Lippen gekommen sind, lassen sich nicht mehr zurückholen; sie laufen weiter von Mund zu Ohr und von Ohr zu Mund, und überall, wo sie hinkommen, stiften sie Unheil. Wir können für unsere Torheit Buße tun und Vergebung erhalten, aber die Worte, die von uns ausgegangen sind, vermögen wir nicht mehr zurückzuholen. Bisher sind wir auf verschiedene Charakterfehler eingegangen, die das Leben und den Dienst vieler Christen beeinträchtigen, doch wenn unser Problem eine ungezügelte Zunge ist, so ist dies schlimmer als alles, was vorher genannt wurde; denn die achtlosen Worte, die unsere Zunge ausspricht, bringen einen giftigen Strom hervor, der weitergeht und überall auf seinem Weg Tod verbreitet.

Geschwister, angesichts dieser ernsten Tatsachen müssen wir Buße tun. Viele Worte, die wir in der

Vergangenheit ausgesprochen haben, waren „müßige Worte“, aber jetzt sind sie nicht mehr „müßig“: sie sind nun sehr fleißig und bewirken großen Schaden. Wir erbitten von Gott Reinigung für die Vergangenheit, und für die Gegenwart vertrauen wir ihm, daß er diese Sache, die unsere Brauchbarkeit für ihn zu zerstören droht, von der Wurzel her beseitigt. Wenn er dies in seiner Barmherzigkeit tut, wird uns in der Zukunft viel Reue erspart bleiben. Abraham konnte Buße dafür tun, daß er Ismael gezeugt hatte, und er konnte auch nach diesem Säen des natürlichen Lebens noch einen Isaak für Gottes Vorsatz zeugen, aber doch hatte er bereits einen Feind für Gottes auserwählten Nachkommen in die Welt gesetzt. Und obgleich er Hagar und ihren Sohn von seinem Sohn Isaak fortschickte, hat dies die Feindschaft nicht aufgehoben, und sie besteht sogar jetzt, nach Jahrhunderten, noch weiter.

Von dem Herrn Jesus steht geschrieben: *„Der Herr hat mir eine gelehrte Zunge gegeben“* (Jes. 50:4, ursprüngliche Lutherübersetzung)). Die „gelehrte Zunge“ kann auch wiedergegeben werden wie in der revidierten Lutherübersetzung: „Eine Zunge, wie sie Jünger haben“, also eine Zunge, die geschult und diszipliniert worden ist. Wir müssen den Herrn mit Ernst suchen, daß er uns fähig macht, unsere Zunge im Zaum zu halten, so daß dieses „ungebärdige Glied“ zu einem disziplinierten Glied wird. Ist dieser Mund unter strikter Kontrolle und hört er auf, das, was den Interessen des Herrn schadet, herauszulassen, dann können wir erwarten, daß der Herr ihn als seinen Mund gebraucht. So, wie der Herr sich um unsertwillen geheiligt hat, sollen auch wir es um derentwillen tun, zu denen er uns gesandt hat. Laßt uns stets auf der Hut sein und uns von jeder Umgebung absondern, die uns zu einem Reden verführen könnte, welches nicht aufbaut, damit wir den uns von Gott gegebenen Dienst nicht gefährden.

VI. Keine Subjektivität

4.Mose 22:7-20; 1.Mose 22:1-13; Ps. 32:8,9; Mt. 20:25,26; Phil. 1:15-18

Subjektivität ist ein weiterer im Charakter mancher Mitarbeiter vorhandener Fehler, der sich schädlich auf den Dienst auswirkt. Wir haben schon eine Richtung genannt, in der sich ihre verderbliche Auswirkung zeigt – die Unfähigkeit zum Zuhören. Wie wir dargelegt haben, ist es für jeden Mitarbeiter wesentlich, diese Fähigkeit zu entwickeln; wer dem nicht zuhören kann, was die anderen zu sagen haben, besitzt keine Möglichkeit, seine Mitmenschen kennenzulernen, und infolgedessen auch keine Möglichkeit, ihnen zu dienen.

Eine andere schädliche Wirkung der Subjektivität ist die Unfähigkeit, etwas zu lernen. Ein subjektiver Mensch ist so mit seinen eigenen Vorstellungen gefüllt, daß er fast unbelehrbar ist. Manche jungen Leute, die in den Dienst hineinkommen, meinen, sie wüßten von Anfang an schon alles, was man wissen muß; sie sind so von ihren Ideen eingenommen, daß man ihnen fast nichts beibringen kann, und so machen sie nur beklagenswert langsame Fortschritte. Unbelehrbarkeit ist einer der traurigsten Aspekte der Subjektivität. Wenn jemand nicht zu lernen vermag, wie soll er dann vorankommen? Können wir gründlich von unserem Widerstreben gegen Belehrung befreit werden, so daß wir diese ohne Zögern aufnehmen, dann werden wir schnell von einer Lektion zur nächsten vorangehen können. Im Bereich des geistlichen Lebens gibt es unendlich viel zu lernen, und daher sollten wir bereit sein, Hilfe von vielen Seiten anzunehmen. Ohne diese Einstellung von Lernenden werden wir unser Leben lang nur beklagenswert geringe Fortschritte machen.

Das Geheimnis des geistlichen Vorankommens ist Offenheit gegenüber Gott; wir müssen Herz, Verstand und Geist weit für ihn öffnen, damit das, womit er uns beeindrucken will, uns ungehindert erreichen kann. Andernfalls werden wir so schwer zu beeindrucken sein, daß der Herr Zaum, Zügel oder Peitsche benutzen muß, um uns seine Gegenwart und seinen Vorsatz deutlich zu machen. Die Unfähigkeit, sich führen zu lassen, ist eine der Folgen von Subjektivität, weil die Subjektivität unser Sein gegenüber Gott verschließt. In 4. Mose 22 wird uns von Bileam berichtet. Als Balak ihn durch eine Belohnung dazu bringen wollte, die Kinder Israel zu verfluchen, sagte er zwar nicht zu, aber schlug statt dessen vor: *„Bleibt hier über Nacht, so will ich euch antworten, wie mir's der Herr sagen wird.“* Und Gott sagte zu ihm: *„Geh nicht mit ihnen.“* Also stand Bileam am Morgen auf und antwortete den Fürsten Balaks: *„Geht hin in euer Land; denn der Herr will's nicht gestatten, daß ich mit euch ziehe."* Hätte der Fall noch klarer sein können? Als aber Balak zum zweiten Mal in ihn drang, antwortete Bileam den Gesandten: *„Bleibt auch ihr hier diese Nacht, daß ich erfahre, was der Herr weiter mit mir reden wird."* Und dann fährt der göttliche Bericht fort: *„Da kam Gott in der Nacht zu Bileam und sprach zu ihm: Sind die Männer gekommen, dich zu rufen, so mach dich auf und zieh mit ihnen."* Warum erlaubte Gott es dem Bileam, mitzugehen, als er ihn zum zweiten Mal fragte? Er hatte es ihm bei seiner ersten Frage doch so definitiv verboten! – Als Gott beim ersten Mal eine so eindeutige Antwort gab, hätte Bileam diese als endgültig annehmen und nicht von neuem fragen sollen. Daß er die Frage noch einmal aufwarf, offenbart seine Subjektivität. Nach außen hin sah es aus, als ob er Gottes Entscheidung suchte, aber in Wirklichkeit hatte er seine eigene Entscheidung bereits getroffen. Er wußte, was er tun wollte, und war in seiner Absicht festgelegt.

Gott verlangt, daß wir sein Wort sofort annehmen. Wenn er sagt: „Geh", sollen wir sofort gehen. Bei subjektiven Menschen besteht die Schwierigkeit in folgendem: Wenn Gott sie gehen heißt, halten sie so sehr an ihren eigenen Vorstellungen fest, daß es lange dauert, bis sie sich seinem Gebot fügen; und gehen sie endlich, dann sind sie derartig auf ihr Gehen festgelegt, daß sie wiederum nicht gleich gehorchen können, wenn Gott „halt!“ sagt. Von neuem bedarf es eines schwierigen Prozesses der Angleichung an Gott, bevor sie zum Nachgeben fähig sind. Kannst du, wenn Gott dich gehen heißt, alles fallenlassen und sofort losgehen? Und kannst du dann, nachdem du seinem Befehl gehorcht hast und gegangen bist und dich auf das Gehen eingestellt hast, sofort anhalten, wenn Gott Halt gebietet? Falls du subjektiv bist, wird es sehr schwierig sein, dich überhaupt zum Gehen zu bringen, denn du wirst zuerst mit deinen eigenen Vorstellungen kämpfen müssen; und hast du Gottes Befehl, daß du gehen sollst, schließlich angenommen, dann wirst du deinen ganzen Kopf mit diesem Befehl füllen, und es wird dich einen weiteren Kampf kosten, bevor du von dem Gedanken des Gehens ablassen kannst, wenn Gott will, daß du anhältst. Ist ein Mensch in den Händen Gottes biegsam geworden, so reagiert er augenblicklich auf jede neue Äußerung des göttlichen Willens.

In Abraham, der Isaak opferte, sehen wir das wunderbare Bild eines Menschen, der von seinem Selbst errettet war. Hätte sich Abraham, als Gott ihn zur Opferung Isaaks aufforderte, auf seine eigene Erfahrung gestützt, so hätte er niemals gehorchen können. Er hätte wahrscheinlich folgende Überlegung angestellt: Ich besaß keinen Sohn, und die Möglichkeit, einen zu bekommen, bestand für mich nicht mehr. Gott selbst hat eingegriffen und dafür gesorgt, daß das Unmögliche geschah. Wie kann er nun seinen eigenen Vorsatz zunichte machen, indem er von mir verlangt, daß ich Isaak opfere? – Welche Argumente hätte ein auf sich selbst bezogener Mensch angesichts dieser Herausforderung gegen ein Ja zu Gottes Befehl vorbringen können! Abrahams Leben mit Gott war jedoch so einfach geworden, daß selbst eine solche Herausforderung kein Problem für ihn bedeutete. Er glaubte, daß Gott für seinen eigenen Vorsatz sorgen konnte, indem er Isaak von den Toten auferweckte, und so legte er seinen Sohn in einfachem Glauben auf den Altar und hob das Messer, um ihn zu töten. In diesem Augenblick gebot Gott ihm Einhalt und zeigte ihm einen Widder, den er anstelle seines Sohnes opfern konnte. Wäre Abraham nun subjektiv gewesen, so hätte ihn dies vor ein neues Problem gestellt. Ohne Zweifel wäre er verwirrt gewesen und hätte sich gefragt, wie er denn jemals den Willen Gottes erkennen könne, wenn Gott ihm im einen Augenblick das eine gebot und im nächsten Moment genau das Gegenteil. Für Abraham jedoch war alles sehr einfach und geradlinig. Als Gott ihm befahl, seinen Sohn zu opfern, gab er dem sofort nach und bereitete die Opferung vor; als er ihm dann befahl, innezuhalten und den Widder als Ersatz zu opfern, folgte er wiederum, ohne Fragen zu stellen. Abrahams augenblicklicher Gehorsam ließ keinen Raum für Verwirrung.

Bei manchen Christen sieht es folgendermaßen aus: Wenn Gott sie auffordert, dies oder jenes um seinetwillen zu opfern, denken sie sofort an alle möglichen

Probleme, die sich aus seinem Wort ergeben; und wenn es ihnen schließlich nach geraumer Zeit gelingt, mit ihren Problemen fertigzuwerden und das Opfer zu bringen, dann erheben sich wiederum neue Fragen in ihrem Verstand, sobald Gott „halt!" sagt: Nun überlegen sie, wie sie das Opfer weiterhin bringen können. Die Einfachheit des offenbarten Willens Gottes wird unter der Kompliziertheit ihres eigenen Denkens begraben, und das hat zur Folge, daß diese Menschen – wenn überhaupt – nur zögernd und mühsam gehorchen. Verknüpfen wir Gottes Willen mit unseren eigenen Überlegungen, dann werden unsere Gedanken bei einem Wechsel seiner Gebote fixiert bleiben, und dieses Festgefahrensein im Verstand hindert uns daran, einfach zu tun, was er sagt.

In Psalm 32 lesen wir: *„Ich will dich unterweisen und dir den Weg zeigen, den du gehen sollst; ich will dich mit meinen Augen leiten. Seid nicht wie Rosse und Maultiere, die ohne Verstand sind, denen man Zaum und Gebiß anlegen muß"* (Vv.8 und 9). Selbst das Pferd und das Maultier können dahin gebracht werden, den Willen ihres Besitzers zu tun (allerdings nicht ohne äußere Steuerung), aber Gott hat niemals beabsichtigt, seine Kinder in dieser Weise zu leiten. Das Pferd und das Maultier sind „ohne Verstand", aber seine Kinder stehen in einer so innigen Beziehung zu ihm, daß schon ein Blick seiner Augen genügen sollte, um ihnen seinen Wunsch deutlich zu machen. Daß wir den Willen Gottes erkennen, ist keine Frage der richtigen Methode; es geht nicht darum, die richtige Technik zu finden, sondern vielmehr darum, den richtigen Menschen zu finden. Wenn der Mensch nicht in der richtigen Beziehung zu Gott steht, wird keine einzige Methode ihm den Willen Gottes klarmachen können; steht er jedoch in der richtigen Beziehung zu Gott, so wird das Erkennen seines Willens für ihn einfach sein. Wir richten uns hier nicht grundsätzlich gegen Methoden, aber es soll betont werden, daß es letztlich auf die innige Gemeinschaft mit Gott ankommt. Wandeln wir nicht in inniger Gemeinschaft mit ihm, so werden wir in Unwissenheit über seinen Willen bleiben, selbst wenn wir bestens Bescheid wissen über alle Wege, auf denen es Gott gefällt, seinen Willen kundzutun.

Noch etwas haben wir im Hinblick auf die Subjektivität zu beachten: Wir werden keine brauchbaren Werkzeuge in Gottes Hand sein, durch die er das Leben anderer zurechtbringen kann, solange unser Ego, unser Selbst, nicht von Gott vor uns aufgedeckt und gründlich behandelt worden ist. Gott wird die Arbeit an Menschen niemandem anvertrauen, der nicht selbst in seinen Händen geformt worden ist. Wer nicht selbst gelernt hat, den Willen Gottes zu erkennen und zu tun, kann andere unmöglich in seinen Willen hineinbringen. Versucht ein Mitarbeiter, in dem das Selbst noch herrscht, andere im Wege Gottes zu unterweisen, dann wird zwangsläufig sein altgewohntes Denken und Fühlen zum Ausdruck kommen und den Weg verdunkeln, auch wenn er noch soviel Lehre vermittelt. Bewußt oder unbewußt wird ein solcher Mitarbeiter versuchen, das Leben anderer zu beherrschen. Ob er will oder nicht, wird er ihnen seine Ansichten aufdrängen und erwarten, daß sie so reden und handeln wie er. Er mag als ein großer Führer von Gottes Volk auftreten oder als ein großer Lehrer oder ein wunderbarer Vater der Herde; doch wie eindrucksvoll seine Führerrolle auch sein mag, so vermag er doch keine göttliche Autorität zum Ausdruck zu bringen, weil sein Leben von seinem eigenen Willen, nicht vom Willen Gottes regiert ist. Unser Herr hat gesagt: *„Ihr wißt, daß die Regenten der Völker sie beherrschen und die Großen Gewalt gegen sie üben. Unter euch soll es nicht so sein"* (Mt. 20:25,26). Wollen wir gute Hirten sein, dann muß der Herr uns sehr niedrig machen, denn unsere beherrschende Natur trägt die Schuld daran, daß die Herde sich zerstreut, anstatt gesammelt zu werden.

Wir müssen es lernen, diejenigen, die unserer Obhut anvertraut sind, nicht zu beherrschen und sie nicht weiter führen zu wollen, als sie zu folgen fähig sind. Haben wir eine Last vom Herrn, so sollten wir treu sein und sie heraussprechen, aber wir können nicht darauf bestehen, daß die anderen das, was wir ihnen weitergeben, auch aufnehmen. Laßt uns daran denken, daß Gott den freien Willen respektiert, den er dem Menschen gegeben hat; und wenn er den Menschen niemals zwingt, wie wagen wir es zu tun? Laßt uns lernen, in Sanftmut vor dem Herrn zu wandeln und nicht so leicht vor den Menschen aufzustehen in dem Verlangen, die Rolle eines Führers zu spielen. Es sollte für uns kein Anlaß zur Selbstbestätigung sein, wenn die Menschen bereit sind, uns zuzuhören, sondern dies sollte uns vielmehr in Furcht und Zittern zum Herrn treiben und dazu bringen, nur um so ernsthafter auf das zu achten, was er uns zu sagen hat. Wie stark unsere Überzeugungen auch sein mögen, wir müssen lernen, uns selbst zu mißtrauen, denn wir alle irren uns leicht; je mehr Selbstsicherheit wir haben, desto mehr stehen wir in der Gefahr, auf Abwege zu geraten. Eine der Gefahren der Subjektivität besteht darin, daß unser Selbstvertrauen uns das Verlangen gibt, andere zu leiten; und je größer die Zahl der Nachfolger ist, die wir anziehen können, desto mehr wird unser Selbstvertrauen genährt und desto unfähiger werden wir, von anderen Hilfe zu empfangen oder die Führung Gottes zu erkennen.

Christen dieser Art können immer nur im Alleingang arbeiten. Da sie ihre festgelegten Wege verfolgen, können sie sich anderen nicht anpassen und infolgedessen nicht in einem korporativen Ganzen funktionieren. Sie sind niemals geistlicher Autorität begegnet, und weil sie nie gelernt haben, sich einer Autorität zu unterwerfen, können sie keine wahre Autorität ausüben. Viele Christen haben eine Geschichte, in der es von Anfang an niemals Unterordnung unter Mitchristen gegeben hat. Weil sie niemals erfahren haben, was Geführtwerden bedeutet, kann Gott ihnen auch keine Führung über das Leben anderer anvertrauen.

Geschwister, bitte beherzigt diesen Tatbestand: Wenn sich jemand für den Dienst Christi zur Verfügung stellt und nicht vorher Unterordnung gelernt hat, wird er auf seine eigenen Wege, auf seine eigene Weise festgelegt sein und stets leicht die Initiative ergreifen und sich zum Führer der anderen aufwerfen; wer jedoch durch strenge Disziplin gelernt hat, sich unterzuordnen, wird fest im Herrn gegründet sein und nicht versuchen, über andere zu herrschen. Ich habe die Zuversicht, daß niemand unter euch anmaßend ist, sondern daß ihr euren Mitchristen das Recht zugesteht, in allen Dingen selbst frei zu entscheiden. Hüten wir uns davor, den anderen ihren von Gott gegebenen freien Willen zu rauben, indem wir ihnen unsere Überzeugungen aufdrängen.

Solange ein Bruder mit einer subjektiven Einstellung allein steht, tritt sein Individualismus nicht in Erscheinung; bringt man ihn aber mit einigen anderen Brüdern zusammen, dann wird er sich sofort zum Führer aufwerfen. Oder läßt man eine Schwester, die eine stark subjektive Tendenz hat, ein Zimmer mit einer anderen Schwester teilen, dann wird sie dieser sehr bald sagen, was man essen soll, wie man sich kleiden soll und auf welchen Matratzen man am besten schläft. Vorausgesetzt, daß nur eine der beiden Schwestern rechthaberisch ist, so wird das Zusammenleben noch möglich sein; haben jedoch beide dieselbe Veranlagung, dann werden sie bald an einen toten Punkt kommen.

Wenn ich betone, welche Rolle die Nachgiebigkeit für das gemeinsame Leben und Arbeiten spielt, meine ich damit weder blinde Unterwerfung noch schweigende Duldung des Bösen. Als Diener des Herrn müssen wir treu sein, und die Treue wird gelegentlich von uns fordern, daß wir ermahnen, warnen oder zurechtweisen. Manchmal werden wir mit anderen sehr entschlossen umgehen müssen, um uns nicht mitschuldig zu machen; an wem der Herr jedoch gearbeitet hat, wird dies in Treue gegen die Betroffenen und gegen Gott tun, nicht aufgrund einer angeborenen Liebe zum Herrschen über andere.

Paulus war eine geborene Führerpersönlichkeit, aber er war ein Mensch, an dem Gott gearbeitet hatte. In Ausübung seines Dienstes sagte er manchmal „gewichtige und starke" Worte. Wenn es um die Aufdeckung des Bösen ging, konnte er sehr scharf werden, aber den Schwachen und Irrenden begegnete er doch freundlich und sogar äußerst zartfühlend. Mit den schärfsten Ausdrücken stellte er die falschen Lehrer bloß, aber andererseits war er so frei von sich selbst, daß er sagen konnte: *„Einige zwar predigen Christus auch aus Neid und Streit, einige aber auch aus gutem Willen. Diese aus Liebe, weil sie wissen, daß ich zur Verteidigung des Evangeliums eingesetzt* *bin; jene aus Streitsucht verkündigen Christus nicht lauter, weil sie mir in meinen Fesseln Trübsal zu erwecken gedenken. Was macht es denn? Wird doch auf jede Weise, sei es aus Vorwand oder in Wahrheit, Christus verkündigt, und darüber freue ich mich. Ja, ich werde mich auch freuen...*" (Phil. 1:15-18). Seht ihr, wie ausgeglichen das Leben des Paulus war? Er konnte sich freuen, wenn Menschen seine Botschaft aufnahmen und seinen Weg teilten, aber er konnte sich auch dann noch freuen, wenn sie sein Wort zurückwiesen und sich als seine Gegner zeigten. Die Treue erforderte es, daß er in seiner Haltung und seinem Sprechen keinen Kompromiß einging, doch wenn ihm sein scharfes Reden Gegnerschaft einbrachte, so faßte er dies nicht als eine persönliche Beleidigung auf, sondern konnte sich immer noch herzlich freuen, daß die anderen Christus verkündigten. Der subjektive Mensch ist ganz von seinen eigenen Ideen eingenommen, setzt sich stets für diese ein und fühlt sich verletzt, wenn seine Vorschläge nicht befolgt werden; wer sich jedoch immer bereitwillig zurechtweisen ließ, übernimmt nur zögernd die Führungsrolle und hütet sich vor der Gefahr, das Leben anderer zu manipulieren. Ein Mensch, der an seinen eigenen Gedanken und seiner eigenen Weise festhält, ist kleinlich und übereifrig; wer jedoch gelernt hat, sich der züchtigenden Hand Gottes zu unterwerfen, ist durch den Druck innerlich weit geworden und ist ein großer Mensch mit weitem Horizont.

Zusammenfassend wollen wir noch einmal sagen: Wenn Gottes Vorsatz durch uns verwirklicht werden soll, dann müssen wir von aller Subjektivität befreit werden, und dies kann nur dadurch geschehen, daß wir dem Herrn erlauben, uns in seine Hand zu nehmen und schonungslos an uns zu arbeiten, denn das eigentliche Hindernis ist unser Selbst. Im Leben mancher Menschen liegt dies offener zutage als bei anderen, aber keiner von uns ist gänzlich frei von diesem Problem. Wir haben noch unsere eigenen Ansichten und unsere eigene Arbeitsweise, und wir neigen immer noch dazu, das Leben anderer zu beherrschen. Deshalb sollten wir uns unter die Hand Gottes demütigen, damit er uns in unserem ganzen Dienst kompromißlos treu macht und dabei doch sanftmütig im Geist und stets schnell bereit, die anderen Glieder seines Haushaltes zum Zuge kommen zu lassen.

VII. Leibliche Disziplin

1.Kor. 9:23-27; 2.Kor. 11:27; 1.Kor 4:11-13; Röm. 8:11

Paulus schreibt an die Korinther: *„Ich tue aber alles um des Evangeliums willen, um an ihm Anteil zu bekommen. Wißt ihr nicht, daß die, welche in der Rennbahn laufen, zwar alle laufen, aber einer den Preis empfängt? Lauft so, daß ihr ihn erlangt. Jeder aber, der kämpft, ist enthaltsam in allem; jene freilich, damit sie einen vergänglichen Kranz empfangen, wir aber einen unvergänglichen. Ich laufe nun so, nicht wie ins Ungewisse; ich kämpfe so, nicht wie einer, der in die Luft schlägt; sondern ich schlage* (gr.) *meinen Leib und knechte ihn, damit ich nicht, nachdem ich anderen gepredigt, selbst verwerflich werde“* (1.Kor. 9:23-27).

In Vers 23 bezeichnet Paulus sich als einen Diener Gottes, einen Prediger des Evangeliums. *„Ich tue aber alles um des Evangeliums willen“*, sagt er; und nachdem er uns gezeigt hat, welch eine kompromißlose Haltung er gegen sich selbst einnimmt, um sein Ziel zu verwirklichen – *„ich schlage meinen Leib und* *knechte ihn"* –, erklärt er gleich anschließend, auf welche Weise er den Entschluß, über seinen Leib zu herrschen, wirksam macht.

Von Anfang an möchten wir klarstellen, daß der Schreiber des Korintherbriefes kein Asket ist. Er hält es nicht mit den Vertretern der Lehre, daß der Leib eine Last sei, von der man sich befreien müsse, und noch weniger mit solchen, die den Leib als die Quelle des Bösen ansehen. Ganz im Gegenteil erklärt Paulus in eben diesem Brief, daß der Leib des Gläubigen ein Tempel des Heiligen Geistes ist und daß der Tag kommt, an dem die Erlösung des Leibes eine Wirklichkeit sein wird und wir verherrlichte Leiber haben werden. Keine Spur von Askese sollte das christliche „Schlagen des Leibes" beflecken. Wir weisen den Gedanken zurück, daß der Leib ein Hindernis für uns und die Quelle der Sünde sei; andererseits aber bestätigen wir entschieden, daß wir mit dem Leibe sündigen können, und zwar selbst dann noch, wenn wir ihn mit äußerster Härte behandeln.

In diesem neunten Kapitel des 1. Korintherbriefes fordert Paulus die Mitarbeiter heraus, den Leib ihren Interessen, die sie als Knechte Christi haben, dienstbar zu machen. Paulus geht die Frage als Mitarbeiter Christi an, als Prediger des Evangeliums, und es kommt ihm darauf an, sie im Interesse des Evangeliums zu lösen. Und hier sehen wir seine Lösung: „Ich schlage meinen Leib und knechte ihn."

Der Begriff „schlage“ ist kein sanftes Wort; nichts weist darauf hin, daß Paulus in seinem Umgang mit sich selbst irgendwie nachgiebig gewesen wäre.

Paulus beschreibt genau, wie er seinen Leib schlägt und die Herrschaft über ihn bekommt. Da diese Angelegenheit für jeden Mitarbeiter entscheidend wichtig ist, wollen wir genau zur Kenntnis nehmen, was er darüber zu sagen hat. Hier, wo Paulus diese Angelegenheit praktisch auf die Knechte des Herrn anwendet, gebraucht er das Bild von einer Rennbahn. *„Wißt ihr nicht“*, sagt er in Vers 24, *„daß die, welche in der Rennbahn laufen, zwar alle laufen, aber einer den Preis empfängt? Lauft so, daß ihr ihn erlangt“*. Nicht alle, die am Rennen teilnehmen, gewinnen einen Preis, sagt Paulus; und er ermahnt seine Leser, so zu laufen, daß sie den Preis gewinnen. Wie dies geschehen kann, erklärt er in Vers 25, wobei er die Olympischen Spiele im Auge hat. *„Jeder aber, der kämpft, ist enthaltsam in allem.“* Paulus betont die Notwendigkeit der Selbstdisziplin, die für jeden Mitkämpfer besteht. Diejenigen, die um den Preis kämpfen, müssen strenge Selbstbeherrschung üben. Während der Zeit des Trainings vor den Spielen können sie nicht essen, wann und was sie wollen. Vieles, was normalerweise erlaubt ist, ist in dieser Zeit verboten. Und wenn der eigentliche Wettkampf beginnt, müssen die Teilnehmer sich noch strengeren Regeln unterwerfen, da sie sonst disqualifiziert werden.

Du sagst: Ich muß dies haben und muß das haben. Das mag schon stimmen. Bist du kein Teilnehmer an den Spielen, dann magst du recht haben; kämpfst du aber mit, dann mußt du deinen Leib unter absoluter Kontrolle halten. Was bedeutet „enthaltsam in allem"? Es bedeutet, daß man dem Körper nicht erlaubt, irgendwelche übertriebenen Forderungen zu stellen, daß seine Freiheit beschnitten wird. Der Leib ist nicht auf der Rennbahn, um sein Verlangen nach Speise, Getränk, Kleidung oder Schlaf zu befriedigen; er ist hier, um eine Funktion zu erfüllen, nämlich zu laufen – und zwar so zu laufen, daß der Preis gewonnen wird.

Von diesem Bild leitet Paulus nun weiter ab: *„Jene freilich* (tun es), *damit sie einen vergänglichen Kranz empfangen, wir aber einen unvergänglichen."* Obwohl der Sieger bei den Olympischen Spielen nur mit einem verwelkenden Lorbeerkranz ausgezeichnet wurde, unterwarf er sich für längere Zeit einer strengen Disziplin, um ihn zu gewinnen. Welche Disziplin ist da für uns angebracht, die wir eine unvergängliche Krone zu gewinnen haben!

„Ich laufe nun so, nicht wie ins Ungewisse; ich kämpfe so, nicht wie einer, der in die Luft schlägt", sagt Paulus weiter. Er unterwirft sich dieser strengen Selbstkontrolle nicht ohne Absicht, sondern hat ein klares Ziel vor Augen und jagt diesem Ziel nach. Man muß Vers 26 im Zusammenhang mit dem folgenden lesen. Paulus läuft nicht hierhin und dorthin,

und er kämpft nicht blindlings; alle seine Bewegungen sind gezielt, weil er seinen Leib absolut in der Gewalt hat. Und er hat die Herrschaft über seinen Leib durch eiserne Disziplin gewonnen.

Geschwister, wenn ihr euren Leib noch nicht unter Kontrolle gebracht habt, wäre es besser, eure Arbeit zunächst einmal zu unterbrechen; erst solltet ihr Herr über euch selbst werden, bevor ihr in einem weiteren Bereich Einfluß nehmen wollt. Ihr habt vielleicht viel Freude am Dienst, aber er wird nur von geringem Wert sein, wenn ihr von euren leiblichen Bedürfnissen beherrscht seid. Der Dienst für den Herrn besteht nicht nur darin, daß man vor einer Zuhörerschaft steht und predigt. Dies wußte Paulus sehr wohl.

Was ist im einzelnen damit gemeint, daß man seinen Leib „knechtet“, ihn als einen Knecht behandelt? Um das zu verstehen, müssen wir zunächst einmal wissen, worin die Ansprüche unseres Leibes bestehen. Wir nennen nur eine kleine Auswahl: Nahrung und Kleidung, Ruhe und Erholung und besondere Pflege in Krankheitsfällen. – All dies sind berechtigte Ansprüche; aber andererseits beansprucht uns auch das Werk des Herrn, und wenn ich den Ansprüchen des Werkes gerecht werden will, muß ich meinem Leib Beschränkungen auferlegen. In Zeiten, wo der Dienst mich körperlich besonders beansprucht, wird mein Leib der Belastung standhalten können, sofern er stetig trainiert wurde. Ist mein Leib hingegen gewohnt, mich durch Wünsche zu bestimmen, dann wird er nicht durchhalten, wenn harter Dienst von ihm verlangt wird. Hat er nicht durch stetige Gewohnheit gelernt, seinem Herrn zu dienen, dann werden auf der Rennbahn, wenn alle Glieder zur Höchstleistung herausgefordert sind, die Füße den Dienst verweigern und auch die übrigen Gliedmaßen nur zu langsam reagieren. Soll der Wettkampf gewonnen werden, dann darf der Wettkämpfer auch außerhalb der Rennbahn nicht weich mit seinem Körper umgehen. Hat ein Mitarbeiter im normalen Alltagsleben seinem Leib nicht beigebracht, wer der Herr ist, wie kann er dann erwarten, daß der Körper außerordentlichen Anforderungen, wie der Dienst sie manchmal mit sich bringt, genügen wird? Nur durch beharrliches Ausüben der Herrschaft über unseren Leib können wir diesen schließlich dazu bringen, daß er uns folgt. Hat er sich im täglichen Leben an Gehorsam gewöhnt, dann kannst du darauf zählen, daß er dir auch bei außerordentlicher Belastung treu dienen wird.

Ich möchte dich fragen: Bist du der Herr oder bist du der Sklave deines Leibes? Gehorcht er deinen Befehlen, oder fügst du dich seinen Wünschen?

Daß dein Leib regelmäßig nach Schlaf verlangt, ist eine rechtmäßige Forderung. Gott hat die Zeit in Tag und Nacht geteilt, um dem Menschen Gelegenheit zum Schlaf zu geben, und kein Mensch mißachtet diese göttliche Vorsorge ungestraft. Läßt man jedoch den Leib regieren und gönnt ihm bei jeder Andeutung von Müdigkeit gleich Schlaf, dann wird er verweichlicht und faul zur Arbeit. Normalerweise ist es vernünftig, daß man dem Körper acht Stunden Nachtruhe zugesteht; erfordern es jedoch die Interessen des Herrn, so haben wir diese Zeit der Ruhe möglicherweise zu verkürzen oder sogar eine oder zwei Nächte ganz auf den Schlaf zu verzichten. Während jener Nacht im Garten von Gethsemane nahm der Herr drei seiner Jünger abseits und sagte zu ihnen: *„Meine Seele ist sehr betrübt, bis zum Tod. Bleibt hier und wacht!"* Als er jedoch im Gebet innehielt und zurückkehrte, fand er die Jünger schlafend und sagte zu Petrus: *„Simon, schläfst du? Konntest du nicht eine Stunde wachen?"* Nein, sie konnten nicht eine einzige Stunde mit unserem Herrn wachen; das Verlangen nach Schlaf hatte sie überwältigt. Ist es etwa verkehrt, nachts schlafen zu wollen? Nein, dagegen ist nichts einzuwenden. Aber wenn der Herr von uns möchte, daß wir mit ihm wachen, und wir nicht ihm, sondern unserem körperlichen Verlangen gehorchen, dann versagen wir als Knechte des Herrn. Das heißt nicht, daß wir unbegrenzt ohne Schlaf auskommen könnten, denn wir sind Menschen, keine Geistwesen; aber es heißt, daß wir beständige Disziplin für unseren Leib brauchen und ihn abhärten müssen, wenn wir für den Herrn voll brauchbar sein wollen.

Was bedeutet es, in der Rennbahn zu laufen? Es bedeutet, daß man etwas Außergewöhnliches tut.

Normalerweise laufen wir in gemäßigtem Tempo und setzen einen Fuß vor den anderen, aber in der Rennbahn müssen wir den Schritt beschleunigen. Dem Körper wird also eine ungewöhnliche Anstrengung abverlangt. In der Regel können wir uns acht Stunden Schlaf zugestehen, aber wenn der Dienst des Herrn es verlangt, sollen wir bereit sein, unsere Schlafzeit zu verkürzen. Das bedeutet es, den Leib zu „schlagen". Als unser Herr die Jünger schlafend fand, nachdem er sie ausdrücklich gebeten hatte, mit ihm zu wachen, sprach er das eigentliche Problem aus: *„Der Geist zwar ist willig, das Fleisch aber schwach."* Was nützt es, einen willigen Geist zu haben, wenn das Fleisch zu schwach ist, um den Willen des Geistes zu tun? Ist das Fleisch schwach, so vermag selbst ein williger Geist dich nicht wach zu halten. Möchtest du mit dem Herrn wachen können, wenn er es verlangt, dann brauchst du nicht nur einen willigen Geist, sondern auch einen willigen Leib. Der Leib ist kein Hemmnis, sondern ein Knecht, der diszipliniert und so an gutes Dienen gewöhnt werden muß. Und dieses Disziplinieren des Leibes muß unter normalen Bedingungen stattfinden, so daß der Leib dann auch unter außergewöhnlichen Umständen den Anforderungen genügen kann.

Nikodemus kam bei Nacht zum Herrn, und trotz der späten Stunde konnte der Herr in Ruhe mit ihm sprechen. Die Evangelien berichten auch, daß der Herr manchmal ganze Nächte im Gebet verbrachte.

Er war bereit, um seines Dienstes willen die Nachtruhe zu verkürzen, und wir sollten ebenfalls dazu bereit sein. Damit soll nicht einer christlichen Gewohnheit das Wort geredet werden, daß man ganze Nächte im Gebet verbringt. Die Nacht zum Tage zu machen und beständig die Nachtstunden im Gebet zu verbringen, schädigt den Körper und das Denkvermögen, denn es ist unnormal. Andererseits ist es jedoch nicht normal, daß Knechte des Herrn in seinem Dienst niemals Schlaf opfern. Wenn wir unserem Körper in bezug auf das Schlafbedürfnis ständig nachgeben, wird er uns bei einer besonderen Anforderung, die das Werk an uns stellt, nicht gehorchen und sich keine Beschränkung auferlegen lassen.

Derselbe Grundsatz gilt auch für das Essen und Trinken. Unter besonderen Umständen konnte unser Herr auf Nahrung verzichten, aber ebenso konnte er auch gut essen, wenn kein Anlaß zur Enthaltsamkeit vorlag. Sein Leib mußte ihm gehorchen. Manche Menschen sind so vom Essen abhängig, daß ein Hungergefühl sie zur Arbeit unfähig macht. Zweifellos brauchen wir Nahrung und dürfen unsere Bedürfnisse nicht einfach ignorieren, aber der Leib muß es lernen, ohne Nahrung auszukommen, wenn die Umstände es erfordern. Ihr erinnert euch daran, wie der Herr sich am Jakobsbrunnen niedersetzte, um etwas auszuruhen, und plötzlich diese Frau vor sich hatte, die dringend Hilfe brauchte. Obwohl es gerade Essenszeit war, beachtete der Herr seinen Hunger nicht, sondern erklärte ihr geduldig, wie ihrer geistlichen Not abgeholfen werden konnte. Wenn wir einmal irgendwo hungrig ankommen und unbedingt zuerst etwas essen müssen, ehe wir etwas tun können, dann dient uns unser Leib nicht so, wie er sollte. Wir dürfen nicht übertreiben, aber unser Leib sollte zumindest so unter unserer Herrschaft sein, daß er nicht durch dauerndes Schreien nach Nahrung unsere Arbeit beeinträchtigt, wenn wir um des Dienstes willen einmal auf eine Mahlzeit verzichten.

Im dritten Kapitel des Markusevangeliums lesen wir, wie der Herr von einer solchen Menge Hilfesuchender umgeben war, daß er keine Zeit zum Essen fand. Seine Angehörigen konnten das nicht mit ansehen und versuchten, ihn von der Menge zu entfernen. Sie sagten, der Herr sei von Sinnen. Er mußte seine eigenen äußeren Bedürfnisse jedoch für den Augenblick zurückstellen, weil die Not der ihn umgebenden Menschen so groß war. Sind wir nicht in der Lage, eine einzige Mahlzeit ausfallen zu lassen, wenn der Dienst uns unmittelbar beansprucht, dann werden wir nur eine recht unwirksame Arbeit tun. In solchen Zeiten müssen wir unserem Leib einen Zaum anlegen, damit er nicht die Oberhand bekommt, so daß die Interessen des Herrn leiden. Die Bibel stellt eindeutig fest, daß Christen unter bestimmten Umständen fasten sollen. Manchmal erfordert eine bestimmte Angelegenheit längeres Gebet, das nicht wegen einer Mahlzeit unterbrochen werden kann, und wenn wir in eine Situation kommen, wo

Beten ohne Fasten nicht hilft, müssen wir bereit sein, zeitweise die normalen Belange unseres Leibes zurückzustellen.

Eine weitere Forderung unseres Leibes ist Bequemlichkeit. Es soll nicht gesagt werden, daß es falsch sei, wenn ein Mitarbeiter ein gewisses Maß an Bequemlichkeit genießt, sofern die Umstände es erlauben. Schlimm ist es jedoch, wenn er einem Ruf zum Dienst nicht folgen kann, nur weil dort die gewohnten Annehmlichkeiten nicht gegeben sind. Die Knechte des Herrn sollen durchaus genießen, wenn der Herr für sie leichtere Bedingungen anordnet, und sich darin entspannen; doch werden diejenigen, die trotz angenehmer Lebensumstände ihren Leib immer wieder einmal „schlagen", sich leichter in härteste Lebensumstände einfügen, als andere, die niemals auf die Unterwerfung ihres Leibes bedacht waren, unter leichteren Umständen durchhalten.

Was die Kleidung betrifft, so sollten wir ihr keine unangemessene Aufmerksamkeit schenken. Der Herr Jesus hat von Johannes dem Täufer gesagt, wer einen schön gekleideten Menschen sehen wolle, der solle nicht zu ihm, sondern in den königlichen Palast gehen. Manche Christen haben sich leider in der Kleidung einen zu hohen Standard gesetzt und meinen ihn unbedingt halten zu müssen. Es dient bestimmt nicht zur Ehre des Herrn, wenn wir uns bewußt armselig kleiden. Wir sollten sauber, ordentlich und kleidsam angezogen sein. Vergessen wir aber doch niemals das Beispiel des Paulus, der um des Herrn willen auf alles verzichten konnte. Er schreibt aus eigener Erfahrung: *„In Hunger und Durst, in Fasten oft, in Kälte und Blöße..."* (2.Kor. 11:27).

Während Zeiten der Krankheit oder Schwäche verlangt der Körper größere Aufmerksamkeit als gewöhnlich, und unter solchen Umständen stellen viele Mitarbeiter ihr Dienen ein und entschuldigen sich. Wie hätte Paulus je das Werk ausführen können, das ihm aufgetragen war, wenn er bei jeder Unpäßlichkeit mit der Arbeit aufgehört hätte? Und was wäre aus dem Dienst des Timotheus geworden, wenn er seinen Körper bei der „häufigen Schwäche", unter der er litt, verzärtelt hätte? Es ist nötig, daß wir in kranken und gesunden Tagen vernünftig für unseren Leib sorgen, aber das schließt nicht aus, daß wir ihn „schlagen" und unter Kontrolle halten. Selbst in Krankheitstagen und unter starken Schmerzen, die der Herr vielleicht anordnet, können wir uns weigern, jedes Verlangen unseres Körpers zu beachten und ihm in allem zu gehorchen. Möchten wir für den Herrn brauchbar sein, dann ist es unbedingt nötig, daß wir volle Herrschaft über unseren Leib bekommen.

Dieses Prinzip muß wie auf alle anderen körperlichen Bedürfnisse auch im sexuellen Bereich Anwendung finden. Wenn wir Diener Christi sind, muß der Dienst gegenüber allem anderen den Vorrang haben. In 1.Korinther 4:11-13 sagt Paulus: *„Bis zur jetzigen Stunde leiden wir sowohl Hunger als Durst und sind nackt und werden mit Fäusten geschlagen und haben keine bestimmte Wohnung und mühen uns ab und arbeiten mit unseren eigenen Händen. Geschmäht, segnen wir; verfolgt, dulden wir; gelästert, reden wir gut zu; wie Auskehricht der Welt sind wir geworden, ein Abschaum aller bis jetzt.“* Hier wird deutlich, daß Paulus nicht nur zu einer bestimmten, begrenzten Zeit seines Lebens vielfältig am Fleisch gelitten hat und daß er niemals etwas geduldet hat, was seinen Dienst für den Herrn hätte hindern können. Im sechsten Kapitel desselben Briefes, von Vers 12 bis zum Ende, spricht er von zwei Dingen, vom Essen und vom Umgang mit dem anderen Geschlecht, und er macht dort sehr deutlich, daß wir Diener des Herrn sind, nicht Diener des Leibes. In Kapitel sieben spricht er dann mehr im einzelnen über die Frage der Ehe und in Kapitel acht über die Frage des Essens, wobei er mit Nachdruck zeigt, daß wir keine Verpflichtung gegenüber dem Willen des Fleisches haben, weil wir Christus gehören und seine Diener sind. Um seinetwillen müssen wir es lernen, zu den Wünschen unseres Körpers „nein“ zu sagen, und manchmal werden wir unserem nein auch Nachdruck zu verleihen haben durch Maßnahmen, die drastisch klarstellen, daß wir die Zügel völlig in der Hand haben. Der Herr ist der Schöpfer des Leibes und hat ihn mit bestimmten Trieben geschaffen, die ihre volle Berechtigung haben; er hat den Leib jedoch als unseren Diener, nicht als unseren Herrn erschaffen, und solange dies bei uns nicht eindeutig geklärt ist, können wir dem Herrn nicht angemessen dienen.

Sogar ein Mensch wie Paulus hat befürchtet, er könne vom Wettlauf ausgeschlossen werden und den Preis nicht bekommen. Deshalb traf er Vorsorge und unterwarf seinen Körper, indem er ihn immer wieder „schlug". Und was können wir von unserem Herrn sagen, der auf die höchste Herrlichkeit verzichtet hat und in die Tiefen der Schande und des Leidens hinabgestiegen ist? Sollen wir nicht aus Liebe zu ihm diesem Leib befehlen, uns zu dienen, damit wir dem Herrn ungehindert dienen können? Sollen wir unserem Leib nicht befehlen, stark zu sein in der Kraft des Auferstehungslebens Christi? Hat der Herr nicht gesagt: *„Wenn aber der Geist dessen, der Jesus aus den Toten auferweckt hat, in euch wohnt, so wird er, der Christus Jesus aus den Toten auferweckt hat, auch eure sterblichen Leiber lebendig machen wegen seines in euch wohnenden Geistes?"*

VIII. Leidensbereitschaft

1.Petr. 4:1; 2.Sam. 23:14-17; Offb. 2:10

Jeder Mitarbeiter Christi braucht eine Bereitschaft zum Leiden. In 1.Petrus 4:1 lesen wir: *„Da nun Christus im Fleisch gelitten hat, so waffnet auch ihr euch mit demselben Sinn."* Die richtige Einstellung zum Leiden gehört als wesentlicher Bestandteil zur Ausrüstung jedes Mitarbeiters.

Es gibt eine weitverbreitete Lehrauffassung, nach der jede Art von Genuß ein Feind der geistlichen Entwicklung ist. Wir lehnen diese Philosophie ganz entschieden ab, denn Gottes eigenes Wort sagt uns mit Nachdruck, daß das Erbteil seines Volkes ein gesegnetes Erbteil ist. In Psalm 84 lesen wir: *„Gnade und Herrlichkeit wird der Herr geben, kein Gutes vorenthalten denen, die in Lauterkeit wandeln"*, und in dem sehr bekannten dreiundzwanzigsten Psalm heißt es: *„Der Herr ist mein Hirte, mir wird nichts mangeln."* Vom Anfang bis zum Ende der Bibel wird die liebende Fürsorge des Hirten deutlich beschrieben, und durch die ganze Schrift hindurch sehen wir, wie er treu über den Seinen wacht, wie er sie aus ihrer Not befreit und stets zwischen seinem Volk und den Nationen unterscheidet. Selbst als sein erwähltes Volk sich in Ägypten aufhielt, zeichnete er den Landstrich, in dem sie wohnten, durch besonderen Segen aus.

Auf der anderen Seite hält Gott Prüfungen und Züchtigungen nicht von seinen Kindern fern; beides ist sogar nötig, damit sie bis zur vollen Reife wachsen. Worauf wir hier jedoch hinweisen möchten, ist ein gewisser Aspekt des Leidens, von dem das Wort Gottes häufig spricht. Es ist das Leiden, das manche seiner Kinder freiwillig auf sich nehmen aus dem brennenden Wunsch heraus, im Dienst des Herrn etwas auszurichten. Das ist kein Leiden, das ihnen aufgebürdet wird und in das sie sich nur zögernd ergeben, sondern ein Leiden, das sie freiwillig erwählen. Die drei Helden Davids hätten sich nicht in Gefahr begeben und dem David von jenem Wasser holen müssen; als sie jedoch hörten, wie es ihn vom Brunnen Bethlehems zu trinken verlangte, setzten sie ihr Leben aufs Spiel und durchbrachen das Lager der Philister, um seinen Wunsch zu erfüllen (2.Sam. 23:14-17).

Es gibt viele Leiden, die wir nach Belieben umgehen können; wollen wir jedoch für den Herrn brauchbar sein, dann besteht die grundsätzliche Notwendigkeit, daß wir um seinetwillen den Weg des Leidens erwählen. Die Arbeit, die wir tun, wird einen sehr oberflächlichen Charakter haben, solange in uns keine Bereitschaft zum Leiden entwickelt worden ist.

Was meinen wir, wenn wir von Leidensbereitschaft sprechen? Erstens sollte deutlich zwischen Leiden und Leidensbereitschaft unterschieden werden. Leidensbereitschaft bedeutet, daß wir den Weg des Leidens um Christi willen freiwillig gewählt haben, daß wir von Herzen bereit sind, um seinetwillen Drangsal zu erdulden. Die Frage ist nicht die nach dem Maß des Leidens, zu dem wir vielleicht berufen werden, sondern die nach unserer Haltung gegenüber dem Leiden. Es kann zum Beispiel sein, daß der Herr dich in angenehme Verhältnisse hineingestellt hat, daß du Nahrung, Kleidung und ein schön eingerichtetes Zuhause hast. Wenn du nun erwählt hast, um seinetwillen zu leiden, heißt das nicht unbedingt, daß du alle diese Gaben nicht mehr genießen kannst. Die Frage ist nicht, ob deine äußeren Umstände schwierig oder angenehm sind, sondern ob dein Herz die entschiedene Bereitschaft hat, um des Herrn willen etwas zu erdulden. Leiden muß nicht unser tägliches Los sein, aber wir brauchen die tägliche Bereitschaft zum Leiden.

Leider verhält es sich bei den meisten Christen und selbst bei vielen Mitarbeitern so, daß sie scheinbar glänzend vorankommen, solange die Umstände erfreulich sind, daß sie jedoch steckenbleiben, sobald irgendeine Not über sie kommt. Das Problem besteht darin, daß sie innerlich nicht zum Leiden bereit waren. Haben wir grundsätzlich ein Ja zum Weg des Leidens um unseres Herrn willen gefunden, dann wird keine Prüfung uns ungewappnet finden. Wenn der Herr uns eine Atempause gönnt und kein Leiden schickt, so ist das seine Angelegenheit; von unserer Seite aus jedoch ist eine ständige Bereitschaft zum Leiden da. Wenn immer das Leiden kommt, nehmen wir es als etwas schon Erwartetes an; und weil wir darauf eingestellt waren, kommen wir nicht in Versuchung, uns vom Weg abbringen zu lassen, sondern gehen geradeaus weiter. Beachten wir genau, was Petrus sagt: *„Da nun Christus im Fleisch gelitten hat, so waffnet auch ihr euch mit demselben Sinn."* Ist es euch aufgefallen, daß die Leidensbereitschaft ein Bestandteil der Rüstung ist? Sie gehört zu unserer Ausrüstung für den geistlichen Kampf, die den Feind vergeblich schlagen läßt, wenn er uns an einer verwundbaren Stelle anzugreifen sucht. Fehlt uns dieser Teil der Ausrüstung, dann sind wir kampfuntüchtig.

Manche Christen erdulden zwar das Leiden, erkennen jedoch nicht die Kostbarkeit dieses ihnen bestimmten Leidens. Sie gehen ohne Dankbarkeit gegen den Herrn hindurch und hoffen nur auf den Tag, an dem sie endlich davon befreit werden. Anstatt die Drangsal bereitwillig anzunehmen, betrachten sie diese als etwas Unglückseliges, das man über sich ergehen lassen muß. Durch diese Haltung verraten sie, daß ihnen die Leidensbereitschaft fehlt.

Geschwister, ihr braucht in guten Zeiten eine Bereitschaft zum Leiden; sonst werdet ihr, wenn Not über euch kommt, zum Dienst für den Herrn unfähig sein. Seid ihr jedoch gewappnet mit der Entschlossenheit, um des Herrn willen Drangsal zu ertragen, dann werdet ihr in allem, was geschieht, stetig vorangehen. Betrachtet es nicht so selbstverständlich als Leiden um des Herrn willen, wenn ihr Schwierigkeiten erduldet. Die Frage ist nicht, durch wieviel Leiden ihr hindurchgegangen seid, sondern in welchem Ausmaß ihr im Leiden von Freude erfüllt wart. Man kann sehr viel Kummer und Not erdulden, ohne zum Leiden bereit zu sein. Die Bereitschaft zum Leiden ist ein Besitz tief in unserem Innern. Es sollte uns sehr klar sein, daß man durchaus ein Ja zum Leiden haben kann, ohne äußerlich Leiden zu erfahren, und daß man umgekehrt ohne ein inneres Ja durch viel äußere Drangsal gehen kann. Ließe man die Christen wählen, ob sie leiden oder nicht leiden wollen, dann würden viele mit größter Entschiedenheit die Bewahrung vor dem Leiden wählen, und zwar aus dem einfachen Grund, daß sie nicht danach verlangen, für ihren Herrn zu leiden. Jeder Mitarbeiter, dessen Leben diesen inneren Mangel aufweist, wird stets um angenehme Umstände beten, damit das Werk vorangetrieben werden kann.

Im Leben mancher Kinder Gottes ist kaum Not zu erkennen, während andere offensichtlich viel durchmachen müssen. Natürlicherweise würde man den Schluß ziehen, daß die letzteren die Gnade des

Herrn in höherem Maß kennen und einen reicheren geistlichen Dienst haben. In der Tat jedoch ist oft das Gegenteil der Fall; und wenn wir genau hinschauen, entdecken wir, daß die letzteren zwar leiden, aber sich dagegen wehren und bei der erstbesten Gelegenheit dem Leiden zu entkommen suchen. Ihr Leiden bringt keinen Gewinn; sie lernen nichts daraus.

Eine Schwierigkeit, der wir im Dienst des Herrn begegnen können, sind finanzielle Engpässe. Manchmal scheint es, als ob der Herr uns nicht ausreichend versorgte, und dann kommen wir zu dem Schluß, daß wir aufgeben müssen. Wie mag dem Herrn bei solchen Reaktionen zumute sein? Habt ihr je erfahren, daß er euch fragte: „Warum dienst du mir?" Durch diese Frage fühlen wir uns oft gerichtet. Welcher Diener Christi kann sich ausbedingen, daß er zur Arbeit gehen wird, wenn die Sonne scheint, aber bei Regen zu Hause bleibt? Hast du die richtige Einstellung zum Leiden, dann wird dich nichts entmutigen. Dann wirst du weder die Umstände noch körperliche Schwäche noch den Tod fürchten, ja nicht einmal die Heerscharen der Finsternis. Hast du jedoch diese Haltung nicht entwikkelt, dann wirst du angesichts von Schwierigkeiten der Furcht Raum geben, und wenn du das tust, hat der Feind an dir eine leichte Beute. Er wird genau das über dich bringen, was du fürchtest, und du wirst für seine Angriffe verwundbar sein, weil dein Sinn nicht geschützt ist durch die Entschlossenheit, wie

Christus im Fleisch zu leiden. Mögen wir zum Herrn sagen: „Durch das Drängen deiner Liebe und befähigt durch deine Gnade möchte ich mich deinem Dienst weihen, ganz gleich, welche Folgen daraus entstehen."

Der Christ soll die Schwierigkeiten nicht herbeirufen und sie nicht suchen, aber wenn sie auf ihn zukommen, soll er sie um des Herrn willen auf sich nehmen in einer Gesinnung, die von vornherein zum Leiden bereit ist. Bist du beispielsweise körperlich schwach, dann brauchst du natürlich ein bequemeres Bett als ein Gesunder. Wenn du jedoch hinausgehst, um für den Herrn zu arbeiten, und die Vorstellung in dir hast, daß du unbedingt ein bequemes Bett brauchst, dann wirst du an diesem Punkt für den Feind angreifbar sein. Bist du andererseits darauf eingestellt, um des Herrn willen zu leiden, und findest nichtsdestoweniger ein bequemes Bett vor, dann brauchst du keine Tugend daraus zu machen, daß du hart mit dir umgehst und dich auf dem Fußboden schlafen legst. Denke nicht, daß Christen in schwierigen Verhältnissen in jedem Fall besser Leiden ertragen als solche, die angenehmere Lebensbedingungen haben. Nur diejenigen, die sich rückhaltlos und unabhängig von guten oder schlechten Bedingungen dem Herrn gegeben und sich mit Leidensbereitschaft gewappnet haben, werden am Tage der Prüfung bestehen können. Ein Bruder, der an Komfort gewöhnt ist, sich aber dem Herrn endgültig übereignet hat und bereit ist, um seinetwillen zu leiden, wird ein viel größeres

Durchhaltevermögen haben als ein anderer, der Notlagen gewöhnt ist, sich jedoch nicht mit dieser Gesinnung gewappnet hat.

Wenn diese Frage nicht gründlich geklärt ist, wird deine Schwäche eines Tages zutage treten, und dann wirst du dem Selbstmitleid Raum geben. Bei einem bestimmten Anlaß kam eine Schwester, die dem Herrn jahrelang gedient hatte, zu einer anderen und ließ in einer Anwandlung von Selbstmitleid ihren Tränen freien Lauf. Die andere Schwester fragte sie: „Für wen vergießt du deine Tränen?" Viele Christen, die ein gewisses Maß an Ausdauer haben, brechen beim entscheidenden Test zusammen, weil sie nicht Vorsorge getroffen und sich so gewappnet haben, wie Gott es in seinem Wort gebietet. Dann wird in der Stunde, wenn der Mangel zutage tritt, ihr Stolz verletzt, und die Tränen des Selbstmitleids beginnen zu fließen.

Nun erhebt sich natürlich die Frage: Bis zu welchem Ausmaß sollen wir zum Leiden bereit sein? *„Sei getreu bis zum Tod"*, sagt uns das Wort Gottes (Offb. 2:10). Du entgegnest vielleicht, daß wir hier in Gefahr geraten, extrem zu werden. Damit hast du ganz recht. Wenn du jedoch mit Leidensbereitschaft gewappnet bist, wirst du nicht immer versuchen, den goldenen Mittelweg zu gehen. Du kannst es getrost dem Herrn und seiner Gemeinde überlassen, das Gleichgewicht zu bewahren, wenn du Gefahr läufst, es zu verlieren. Unsere Sache ist es, uns Gott so zu geben, daß wir auch den Tod zu leiden bereit sind, wenn er es verlangt; er seinerseits wird es dann zu seiner Sache machen, uns vor Extremen zu bewahren. Wenn du dich immer fragst, wie weit du in bezug auf das Leiden gehen sollst, dann wirst du nie sehr weit gehen; dann wirst du unmerklich dahin gebracht werden, daß du das Werk leiden läßt, um dein eigenes Leben zu schützen. Die Leidensbereitschaft ist nicht nur ein unbestimmter Gedanke, sondern eine männliche Entscheidung, die uns befähigt, zum Herrn zu sagen: „Ja, Herr, sogar bis zum Tod. Mein Leben steht dir zu Verfügung; tue damit, was in deinen Augen gut ist." Gott braucht Diener, die es ernst mit ihm meinen und die nicht zögern, alles für ihn zu verlieren, sogar ihr Leben. Laßt uns Schluß machen mit unseren vorsichtigen Berechnungen und mit dieser lähmenden Angst, extrem zu werden. Übereignen wir uns dem Herrn mit der Bereitschaft, ihm um jeden Preis und sogar bis zum Tod zu dienen.

In Offenbarung 12:11 wird von den Überwindern gesagt: *„Und sie haben ihn überwunden durch des Lammes Blut und durch das Wort ihres Zeugnisses und haben ihr Leben nicht geliebt bis zum Tod "* (gr.). Wenn du dieselben Bedingungen erfüllst, wird Satan auch mit seinen Angriffen gegen dich keinen Erfolg haben. Er vermag niemanden zu überwinden, der sein eigenes Leben nicht zu erhalten sucht. Satan fand den Gedanken lächerlich, Hiob könne Gott dienen, ohne an die Bewahrung seines Lebens zu denken. Deshalb sagte er zu Gott: *„Alles, was ein Mann hat, läßt er für sein Leben. Aber strecke deine Hand aus und taste sein Gebein und Fleisch an: was gilt's, er wird dir ins Angesicht absagen!“* (Hiob 2:4,5). Satan wußte, daß er Hiob überwinden konnte, wenn dieser auch nur die geringste Eigenliebe aufwies; deshalb bat er um die Erlaubnis, ihn zu prüfen. Ebenso wie das Wort in der Offenbarung zeigt auch der Bericht im Buch Hiob, daß Satan diejenigen, die ihr Leben völlig außer acht lassen, nicht zu überwinden vermag. Für unser Leiden gibt es eine Grenze, aber für unsere Leidensbereitschaft sollte es keine Grenze geben. Wenn es dort irgendeine Grenze gibt, wird Satan uns früher oder später dienstuntauglich machen.

Ich möchte euch fragen, worum es letztlich geht. Kommt es auf die Bewahrung unseres Lebens an oder auf die Bewahrung von Gottes Werk? Kommt es darauf an, daß Seelen gerettet werden, oder darauf, daß unser Leben gerettet wird? Was ist wichtiger – daß wir unsere persönlichen Interessen wahren, oder daß das Zeugnis des Herrn auf der Erde bewahrt wird?

Mögen wir alle unsere Selbstliebe abschütteln und der erneuten Aufforderung des Herrn folgen, ihm mit völliger Hingabe an seine Interessen zu dienen. Wenn unsere Hingabe an ihn völlig ist, werden wir auch die Fülle seines Segens erfahren.

IX. Treue in Geldangelegenheiten

4. Mose 22:1-21; Mt. 6:24; 2. Petr. 2:15; Jud. 11; Offb. 2:14; 2. Petr. 2:1-3; 1. Tim, 6:3-10; 2. Kor. 8:1-24

Welche Haltung sollte ein Mitarbeiter gegenüber Geldangelegenheiten einnehmen? Diese Frage hat einiges Gewicht; und sie geht so ins Praktische, daß kein Mitarbeiter sich bewähren wird, bei dem dieser Punkt nicht ganz geklärt ist. Denn keiner, der im Dienst Christi steht, kann es verhindern, daß er mit dem „Mammon“ in Berührung kommt.

Gleich von Anfang an müssen wir uns voll bewußt sein, daß der Mammon im Gegensatz zu Gott steht. Gottes Diener haben daher sich zu hüten, daß sie in keiner Weise unter seine Gewalt kommen; denn wenn der Mammon in ihrem Leben irgendeine Macht ausübt, werden sie unfähig sein, dem Volk Gottes in der Abwehr seiner hinterhältigen Angriffe zu helfen. Weil im Zusammenhang mit dem Geld überall Schwierigkeiten auftreten, werden wir uns Zeit nehmen, um ausführlich darüber zu sprechen.

An erster Stelle müssen wir die Verbindung beachten, die zwischen dem Geld und der Lebensführung und Lehre eines Mitarbeiters besteht. Im Alten Testament haben wir als Illustration hierfür die Geschichte Bileams in Verbindung mit Gottes Volk, und im Neuen Testament begegnen wir Bileam wiederum in Verbindung mit Gottes Volk. Der 2. Petrusbrief spricht vom „Weg Bileams“ und das Buch der Offenbarung von der „Lehre Bileams“. Bileam war ein Prophet, der sich seine Arbeit bezahlen ließ. Er machte den Dienst des Propheten zu einem Geschäft. Der Moabiterkönig Balak wollte das Volk Gottes vernichten und dingte Bileam, um es zu verfluchen. Bileam kannte jedoch Gottes Gedanken sehr wohl und wußte, daß Gottes Volk ein gesegnetes Volk war. Darüber hinaus hatte Gott ihm auch noch eindeutig gesagt, daß er nicht auf das Verlangen Balaks eingehen sollte. Aber Bileam ließ sich durch den in Aussicht gestellten Lohn verlocken. Gab es nicht doch eine Möglichkeit, diesen zu erlangen? Sollte er nicht versuchen, Gott zu überreden, so daß er seine Entscheidung änderte? Bileam unternahm den Versuch und hatte besten Erfolg damit: Gott erlaubte ihm tatsächlich, was er ihm vorher verboten hatte.

Irrtümlicherweise wird von manchen angenommen, diese Begebenheit sei ein Beispiel dafür, wie man auf Gott warten müsse. In Wirklichkeit aber wäre Bileam sicher gar nicht mit der Frage zu Gott gekommen, wenn er sich nicht einen Gewinn erhofft hätte. Und als seine erste Anfrage mit einem klaren Nein beantwortet worden war, gab es offensichtlich keinerlei Notwendigkeit, noch einmal nachzufragen. Als Gott ihm schließlich die Erlaubnis gab, mit den Fürsten Balaks zu gehen, geschah es nicht, weil er nun mit der Mission Bileams einverstanden gewesen wäre, sondern einfach, weil er Bileam nun seinen selbsterwählten Weg gehen ließ. Bileam war zweifellos ein Prophet, aber er ließ den gefährlichen Einfluß des Geldes auf seinen Dienst zu und wurde dadurch völlig auf Abwege geführt.

Jeder Mitarbeiter, der in bezug auf das Geld nicht klar Stellung bezogen hat, gerät zwangsläufig unter den Einfluß des Mammon. Wenn er zu entscheiden hat, wo er arbeiten soll, werden mit Sicherheit materielle Erwägungen eine Rolle spielen. Ist ihm an einem gewissen Ort keine finanzielle Unterstützung sicher, dann wird er an einen anderen Ort gehen. Da er ein christlicher Mitarbeiter ist, wird er natürlich um Führung bitten und den Herrn fragen, wo er hingehen soll, aber mit fast absoluter Sicherheit wird die Führung dorthin gehen, wo seine Versorgung gesichert ist. Wenn wir um Führung beten, bestimmt unser betrügerisches natürliches Leben die Führung leicht dahingehend, daß wir uns in Gebieten mit einem gewissen Wohlstand niederlassen und ärmliche Gegenden und arme Menschen kaum in Betracht ziehen. Ein älterer Christ bemerkte einmal: „Wieviele Diener des Herrn werden durch finanzielle Erwägungen beeinflußt! Seht nur einmal, in wievielen armen Gegenden es keinen ansässigen Mitarbeiter gibt, während es wohlhabenden Gegenden daran nicht mangelt." Diese Feststellung war hart, aber leider wahr. Bedauerlicherweise gehen viele Mitarbeiter auf dem „Wege Bileams". Ihre Schritte werden mehr vom Gelderwerb als vom Willen Gottes bestimmt, und deshalb sagt Gott zu ihnen, wenn sie der Form genügen und seine Bestätigung für ihren selbsterwählten Weg erbitten: „Geh!"

Jeder wahre Diener Gottes muß völlig frei sein von der Bindung an das Geld. *„Niemand kann zwei Herren dienen ... Ihr könnt nicht Gott dienen und dem Mammon"* (Mt. 6:24). Dieses scheinbare Fragen nach der Führung Gottes, obwohl wir uns eigentlich vom Gewinnstreben leiten lassen, ist eine verachtenswerte Sache. Wenn der Gott, dem wir dienen, der lebendige Gott ist, können wir dann nicht auf sein Gebot hin voller Vertrauen an jeden beliebigen Ort gehen? Wenn er aber nicht der lebendige Gott ist, warum geben wir dann nicht überhaupt den Dienst für ihn auf? Welch eine furchtbare Schande ist es, wenn ein Christ unter dem Vorwand, Christus zu dienen, seinen eigenen Interessen dient!

Petrus schreibt in seinem zweiten Brief im Hinblick auf einige, die den „Weg Bileams" gehen: *„Sie haben ein in der Habsucht geübtes Herz ... sie sind abgeirrt, da sie den geraden Weg verlassen haben, und sind nachgefolgt dem Weg Bileams, ... der den Lohn der Ungerechtigkeit liebte"* (2:14-15). Geschwister, Gott hat uns den „geraden Weg“ vorgelegt, und wir müssen uns davor hüten, von ihm abzuweichen und auf den „Weg Bileams“ zu geraten. Petrus beschreibt die Menschen, die auf jenem Weg gehen, als solche, die ein „in der Habsucht geübtes Herz“ haben. Die Wurzel des Übels befand sich also im Herzen. Nachdem sich die habsüchtige Einstellung insgeheim im Herzen entwickelt hatte, streckte sich die Hand nach der Belohnung aus und begannen die Füße vom Weg des Herrn abzuweichen. Das alles geschah nicht in einem Augenblick; es gab zunächst auch gar kein äußeres Anzeichen dafür, daß etwas nicht in Ordnung war. Selbst nachdem das Herz schon in Habsucht geübt worden war, versteckte sich dieses innere Abweichen von Gott noch gut hinter der Fassade, daß man den Willen des Herrn suchte. Das Wort Gottes sagt uns, daß Bileam „den Lohn der Ungerechtigkeit“ liebte. Er liebte jene angebotene Belohnung, und sein Herz hatte sich schon danach auf den Weg gemacht, als er den Fürsten sagte, er könne sie nicht annehmen, ohne erst den göttlichen Willen zu erfragen. Trotz allem versprach er: *„Ich werde euch Antwort bringen, so wie Jehova zu mir reden wird“* (4.Mose 22:8). Wie geistlich klangen diese Worte! Bileams Herz jedoch war „geübt in Habsucht“, und so bedeckte er, als Gott ihm die Erlaubnis für das gewinnbringende Unternehmen verweigerte, seine Habsucht mit geistlichem Gerede vor den Fürsten Balaks; und dann gab er sich noch mehr den Anschein der Geistlichkeit, indem er zum zweiten Mal zu Gott ging. Bileam erhielt, was er wollte – doch mit welch einem schrecklichen Ergebnis! Die Gewohnheit, die er heimlich hatte aufkommen lassen, entwickelte sich zu einem offenen Weg – zum „Weg Bileams“.

Geschwister, seht ihr, wohin die Habsucht führt? Wenn wir nicht in der Gnade Gottes gegen diese gefährliche Herzenshaltung angehen, werden wir mehr und mehr unter den schleichenden Einluß des Mammon geraten und schließlich durch seine Macht überwunden werden.

Judas schreibt in bezug auf Menschen, die auf Abwege geraten waren, sie hätten sich *„für Lohn in den Irrtum Bileams verströmt“* (gr.). Diese Menschen gehen jetzt nicht nur auf diesem bösen Weg, sondern verströmen sich sogar darin und es ist ein Weg des „Irrtums“.

Im Buch der Offenbarung schreibt Johannes an eine der sieben Gemeinden, daß es bei ihr solche gebe, *„welche die Lehre Bileams festhalten, der den Balak lehrte, eine Falle vor die Söhne Israels hinzustellen, so daß sie Götzenopfer aßen und Unzucht trieben“* (2:14). Dieser Abschnitt zeigt uns, daß es nicht nur einen „Weg Bileams“ gibt, sondern auch eine „Lehre Bileams“. Ein Herz, das Gedanken der Habsucht genährt hat, war keiner Zurechtweisung zugänglich, und so wurde das Verlangen nach Gewinn zu einer festen Gewohnheit; diese feste Gewohnheit verschaffte sich bald Ausdruck in einem äußeren Verhalten, in einem äußeren Weg; und der Weg prägte sich immer mehr aus, bis er in Worte gefaßt und zu einer Lehre entwickelt war.

Gottes Wort spricht immer wieder von dem furchtbaren Unheil, das durch Habsucht angerichtet wird. Petrus denkt dort, wo er von dem „Weg Bileams" schreibt, hauptsächlich an falsche Lehrer, und er warnt die Adressaten seines Briefes: *„Auch unter euch* werden *falsche Lehrer sein..., die verderbliche Lehrmeinungen heimlich einführen... Und aus Habsucht werden sie euch mit betrügerischen Worten kaufen"* (2.Petr. 2:1-3). Beachtet, daß unsere Lehre durch Gedanken der Habsucht, die sich im Herzen einnisten, verfälscht wird. Besteht unsere Zuhörerschaft aus ärmeren Menschen, dann haben wir eine bestimmte Art von Lehre, gehören unsere Zuhörer jedoch zu den wohlhabenden Schichten, dann passen wir ihnen unsere Redeweise, unser Thema und unseren Stil an. Wenn wir entdecken, daß Profitgedanken irgendeine Macht über uns haben und unser Handeln oder unsere Worte bestimmen, dann sollten wir uns tief vor dem Herrn beugen und seine Barmherzigkeit suchen. Hier handelt es sich um eine sehr ernste Angelegenheit.

Von den Gefahren der Habsucht spricht auch Paulus gegenüber Timotheus. Im ersten Brief schreibt er: *„Wenn jemand anders lehrt und nicht den gesunden Worten unseres Herrn Jesus Christus und der Lehre beitritt, die gemäß der Göttlichkeit ist, so ist er aufge-*

blasen und weiß nichts, sondern ist krank an Streitfragen und Wortgezänken... (und meint), die Göttlichkeit sei ein Mittel zum Gewinn" (6:3-5, gr.). – Wie sehr unterschieden sich diese falschen Lehrer von Paulus! Wie rückhaltlos verschwendete er sich selbst, sein ganzes Sein, um des Evangeliums willen! Kann es etwas Niedrigeres geben, als daß man sich im christlichen Dienst engagiert, um dadurch Gewinn zu machen? Auch wir werden dieser Versuchung erliegen, wenn wir uns dieser Frage nicht mit ganzer Konsequenz stellen und ein für allemal die Entscheidung treffen, daß wir unseren Dienst niemals als einen Gelderwerb ansehen werden. Laßt uns den Gedanken zurückweisen, daß „Göttlichkeit ein Mittel zum Gewinn" sei; statt dessen wollen wir uns von der Gewißheit ermutigen lassen, daß *„Göttlichkeit mit Genügsamkeit ein großer Gewinn*" ist. (V.6, gr.), und uns auch Worte zu Herzen nehmen, die Paulus anschließend an Timotheus schrieb: *„Denn wir haben nichts in die Welt hereingebracht, so daß wir auch nichts hinausbringen können. Wenn wir aber Nahrung und Kleidung haben, so wollen wir uns daran genügen lassen. Die aber reich werden wollen, fallen in Versuchung und Fallstrick und in viele unvernünftige und schädliche Begierden, welche die Menschen in Verderben und Untergang versenken. Denn eine Wurzel alles Bösen ist die Geldliebe, nach der einige getrachtet haben und von dem Glauben abgeirrt sind und sich selbst mit vielen Schmerzen durchbohrt haben*" (Vv.7-10).Dies war das Wort, das der Herr durch seine Diener gesprochen hat;

kommen wir nun zum unmittelbaren Wort des Herrn selbst. Lukas 9 berichtet, wie der Herr die zwölf Jünger aussandte, und das folgende Kapitel, wie er die siebzig aussandte. In beiden Fällen werden ausdrückliche Richtlinien für ihre Ausrüstung gegeben, und in beiden Fällen sind sie in negativer Form gefaßt. Zu den zwölf sagt der Herr: *„Nehmt nichts mit auf den Weg: weder Stab, noch Tasche, noch Brot, noch Geld, noch soll jemand zwei Leibröcke haben“* (9:3). Weniger Einzelheiten werden bei der Aussendung der siebzig genannt, aber das leitende Prinzip ist dasselbe: *„Tragt weder Börse noch Tasche noch Sandalen“* (10:4). Im einen wie im anderen Fall liegt das Gewicht darauf, daß kein Gedanke an materielle Dinge in die Überlegungen der Mitarbeiter hineindringen soll, wenn der Herr sie beauftragt.

Später fragte der Herr seine Jünger nach Erfahrungen, die sie beim Hinausgehen in seinem Auftrag gemacht hatten: *„Als ich euch ohne Börse und Tasche und Sandalen sandte, mangelte euch wohl etwas? Sie aber sagten: Nichts“* (Lk. 22:35). Beachtet jedoch, was gleich darauf folgt: *„Er sprach nun zu ihnen: Aber jetzt, wer eine Börse hat, der nehme sie und ebenso eine Tasche, und wer keine hat, verkaufe sein Kleid und kaufe ein Schwert.“* Die Umstände hatten sich inzwischen geändert. Dies war die Nacht, in welcher der Herr verraten wurde. Solange die Jünger noch uneingeschränkt und ungehindert an jeden beliebigen Ort gehen konnten, lautete die Anweisung: „Nehmt nichts mit auf den Weg“; doch der Herr gibt auch ein Gebot für Umstände, die eine vollständige Ausrüstung erfordern.

Um das Evangelium wirksam zu predigen, bedürfen wir einer Leidenschaft, die jedes andere Interesse ausschließt. Ein wahrer Verkündiger der frohen Botschaft macht sich keine Sorgen um die Reise und auch nicht darum, wie er am Ziel aufgenommen wird, denn zugleich mit seinem Auftrag hat er klare Anweisungen für beides empfangen. Für die Reise lauten die Instruktionen: „Nehmt nichts mit auf den Weg“, und wenn er am Bestimmungsort ankommt, so heißt es: *„In welches Haus ihr aber eintretet, sprecht zuerst: Friede diesem Haus!“* (Lk. 10:5). Wie schön ist dies! Jeder Mitarbeiter soll ein Bote des Friedens sein, und jeder Mitarbeiter soll deutlich machen, wie groß, wie herrlich sein Dienst ist. Wir mögen arm sein, aber niemals sollten wir die Würde unserer hohen Berufung verlieren. Was aber, wenn uns die Leute, zu denen wir kommen, nicht aufnehmen wollen? Der Herr hat unsere Frage vorweggenommen und in Lukas 9:5 beantwortet: *„Und wo immer sie euch nicht aufnehmen werden – geht fort aus jener Stadt und schüttelt auch den Staub von euren Füßen, zum Zeugnis gegen sie.“* Seht ihr, welche Würde die Diener des Herrn haben? Da gibt es kein Selbstmitleid wegen erfahrener schlechter Behandlung, da gibt es keine Selbstbetrachtung, kein Infragestellen der Führung, nichts Negatives oder Schwaches. Sie sind stark und besitzen eine innere Würde, weil alle ihre Fragen klar beantwortet sind.

Wir können in dieser Richtung noch einiges mehr lernen, wenn wir die Anweisungen beherzigen, die der Herr seinen Jüngern bei der Speisung einer großen Volksmenge gab. In einem dieser Fälle hatte er zu fünftausend Zuhörern gesprochen, Frauen und Kinder nicht eingerechnet. Da man sich in einer Wüste befand, schlugen die Jünger gegen Abend vor, man sollte die Menschen am besten fortschikken, damit sie sich in den Dörfern Speise kaufen konnten. *„Er aber antwortete und sprach zu ihnen: Gebt ihr ihnen zu essen!“* (Mk. 6:37; vgl. Mt. 14:16). Einer der Jünger war einigermaßen beunruhigt bei dem Gedanken, daß man für solch eine große Schar etwas zu essen besorgen sollte, und er wandte ein, daß es eine erhebliche Geldsumme erfordern würde, auch nur ein wenig Speise für jeden zu kaufen; daraufhin fragte der Herr, wieviel sie tatsächlich an Nahrungsmitteln zur Verfügung hätten. Sie fanden fünf Brote und zwei Fische, die sie zu ihm brachten; und mit seinem Segen ergab dieser kümmerliche Vorrat genügend und sogar überreichlich Nahrung für alle.

Durch dieses Wunder machte Christus seinen Jüngern deutlich, daß weltliche Klugheit in seinem Dienst nicht geltend gemacht werden darf. Wie dürftig die Mittel auch sind, die wir zur Verfügung haben, so müssen wir bereit sein, zu geben und immer weiter zu geben. Menschen, die stets von finanziellen Überlegungen geleitet werden, sind Knechte des Mammon, nicht Knechte Gottes. –

Diese Lektion lernt man jedoch nicht über Nacht. Es braucht Zeit. Die Jünger haben die Lektion nicht sofort gelernt; daher brachte der Herr sie nach der wunderbaren Speisung der fünftausend nochmals in eine ähnliche Situation. Bei dieser Gelegenheit waren ihm etwa viertausend ohne Frauen und Kinder drei Tage lang gefolgt, und er sagte: *„Es jammert mich des Volks; denn sie sind nun schon drei Tage lang bei mir und haben nichts zu essen; und ich will sie nicht ohne Speise von mir lassen, auf daß sie nicht verschmachten auf dem Wege“* (Mt. 15:32). Ganz offensichtlich hatten die zwölf ihre Lektion nicht gelernt, denn sie reagierten auch jetzt genau wie beim ersten Mal: *„Woher nehmen wir in der Einöde so viele Brote, um eine so große Volksmenge zu sättigen?“* Genau wie vordem hielten sich ihre Gedanken bei den herrschenden Umständen und dem Mangel an Nahrungsmitteln auf. Aber wieder fragte der Herr sie einfach, was sie bei sich hätten; und als sich sieben Brote fanden, ereignete sich unter seinem Segen ein zweites Wunder, und wiederum aß eine große Menge reichlich und ließ noch viel übrig.

Am Pfingsttag sahen sich die Jünger ganzen Scharen von Menschen in geistlicher Not gegenüber; doch nun hatten sie ihre Lektion gelernt, und indem sie mit göttlichen Hilfsquellen rechneten, wurden sie zu Dienern des ewigen Lebens – einmal für nicht weniger als dreitausend Seelen und später sogar für fünftausend (Apg. 2:41; 4:4). Durch Unterweisung und Schulung waren die Jünger zu Menschen geworden, wie der Herr sie brauchte, und auch wir werden nicht ohne Schulung dazu ausgerüstet werden, ihm zu dienen. In unseren eigenen Angelegenheiten mögen wir so sparsam sein, wie wir wollen, aber im Dienst des Herrn dürfen wir nicht versuchen, irgendwo zu sparen, denn dies beraubt ihn der Möglichkeit, Wunder für die Menge zu vollbringen. Unsere Sparversuche werden seinem Vorsatz im Wege stehen und unser eigenes Leben verarmen lassen. Wir müssen uns der Schulung dessen unterwerfen, der die zwölf und die siebzig geschult hat. Allerdings erwies sich sogar unter seiner Schule einer der zwölf später als unqualifiziert zum Dienst und mußte als Dieb zurückgewiesen werden. Judas konnte zusehen, wie Maria den Herrn mit kostbarem Öl salbte, und dabei kühl berechnen, welcher Betrag den Armen hätte zukommen können, wenn die Salbe verkauft und der Erlös seinen Händen anvertraut worden wäre. Er konnte in diesem verschwenderischen Ausdruck der Liebe Marias zum Herrn nur sinnlose Vergeudung sehen, aber der Herr maß dieser Tat den größten Wert für sich selbst bei: *„Sie hat doch ein gutes Werk an mir getan“*, sagte er und erklärte dann weiter, daß dieser reine Ausdruck der Macht des Evangeliums überall verkündet werden würde, wo das Evangelium hinkäme (Joh. 12:1-8; Mt. 26:10-13). Judas hingegen besaß ein so fehlentwickeltes Wertempfinden, daß er den Herrn für dreißig Silberstücke verkaufte.

Wir brauchen gewiß keine Übertreibung zu fürchten, wenn es darum geht, daß wir dem Herrn unsere Liebe und unseren Besitz ausgießen! Manche Menschen fürchten sich so sehr vor Extremen, daß sie imstande sind, schon vom ersten Tag ihres Christenlebens an genauestens festzulegen, wie weit sie in ihrem Geben gehen werden. Können wir selbst in der ersten Glut unserer Liebe zum Herrn so berechnend sein, wo werden wir dann stehen, nachdem die erste Leidenschaft verflogen ist?

Welch ein Gegensatz besteht zwischen Petrus und Judas! Judas war der Kassenverwalter der zwölf, verwendete aber einen Teil des Geldes für sich selbst. Petrus hätte sehr wohl seine eigenen Verhältnisse aufbessern können zu der Zeit, als Scharen von Menschen gerettet wurden und für den gemeinsamen Nutzen aller ihren Besitz verkauften. Aber schaut einmal, was er zu dem Lahmen an der Tür des Tempels sagte: *„Silber und Gold habe ich nicht; was ich aber habe, das gebe ich dir: Im Namen Jesu Christi von Nazareth stehe auf und wandle!“* (Apg. 3:6). Laßt uns ehrlicherweise einem weltlichen Beruf nachgehen, wenn wir unser persönliches Vorwärtskommen suchen; wollen wir aber Jesus dienen, dann laßt uns ein für allemal klarstellen, daß wir die Förderung des Evangeliums und nicht unser persönliches Vorwärtskommen suchen.

Laßt uns einen Blick auf das Leben des Paulus werfen, um seine Einstellung zum Geld kennenzulernen. Hören wir, wie er sich vor den Ältesten aus Ephesus rechtfertigt: *„Ich habe von niemandem Silber oder Gold oder Kleidung begehrt. Ihr selbst wißt, daß meinen Bedürfnissen und denen, die bei mir waren, diese Hände gedient haben“* (Apg. 20:33-34). Die Korinther fragt er: *„Oder habe ich eine Sünde begangen, als ich mich selbst erniedrigte, damit ihr erhöht würdet, indem ich euch das Evangelium Gottes umsonst verkündet habe?“* (2.Kor. 11:7). Und dann verteidigt er sich ebenso wie gegenüber den Ephesern: *„Als ich bei euch war und Mangel litt, fiel ich niemand zur Last – denn meinem Mangel halfen die Brüder ab, die aus Mazedonien kamen – und ich hielt mich in allem so, daß ich euch nicht zur Last fiel, und werde mich so halten. So gewiß die Wahrheit Christi in mir ist, wird dieses Rühmen für mich in den Gegenden von Achaja nicht verstummen! Warum? Weil ich euch nicht liebe? Gott weiß es. Was ich aber tue, werde ich auch tun, damit ich denen die Gelegenheit abschneide, die eine Gelegenheit dazu suchen, daß sie in dem, worin sie sich rühmen, als solche wie wir erfunden werden“* (Vv.9-12). Paulus hat keine Haltung der Unabhängigkeit eingenommen; er war bereit, finanzielle Hilfe anzunehmen, wie dieser Schriftabschnitt selbst zeigt; aber von den Korinthern wollte er sogar zu einem Zeitpunkt, als er tatsächlich in Not war, nichts annehmen, weil ein solches Handeln nicht im Interesse des Evangeliums gewesen wäre. Überall in Achaja gab es Leute, die seinen Dienst in Verruf bringen wollten, und er war entschlossen, in keiner Weise irgendeinen Anlaß zum Zweifel an dessen Charakter zu geben. Fehlte es ihm an Liebe, weil er nichts von ihnen annehmen wollte? Er beantwortet seine eigene Frage: „Gott weiß es.“ Paulus war sich der Würde seiner Stellung, seines Dienstes, bewußt und wachte sorgsam darüber. Laßt uns von ihm lernen und keine Gabe annehmen, die Anlaß dazu geben könnte, daß der Charakter des Dienstes angezweifelt wird.

Wie sehr lastete die Verantwortung für die Verkündigung des Evangeliums auf Paulus! Er mußte verkündigen, selbst wenn er zusätzlich noch viele Stunden für seinen Unterhalt zu arbeiten hatte, um niemandem Ausgaben zu verursachen. Und er sorgte nicht nur für seinen eigenen Unterhalt, sondern ebenso auch noch für den seiner Mitarbeiter. Sein geschärftes Verantwortungsbewußtsein ließ ihn nie damit zufrieden sein, daß er nur für sich selbst genug hatte. Als Mitarbeiter Christi haben wir einen viel zu niedrigen Standard, wenn wir nur für unsere eigenen Bedürfnisse Glauben üben können und die Belange anderer nicht sehen. Wir meinen, daß wir als Leviten das Anrecht haben, von Gottes Volk den Zehnten zu erhalten; aber nur zu leicht vergessen wir, daß die Leviten ihrerseits verpflichtet sind, auch ihren Zehnten zu geben. Vollzeitige Mitarbeiter stehen in der Gefahr, so sehr daran zu denken, wieviel sie für den Herrn aufgegeben haben, daß sie nun ständig empfangen wollen und dahin geraten können, das Vorrecht und die Verantwortung des Gebens ganz aus dem Auge zu verlieren. Diese Haltung ist für das geistliche Wachstum des Mitarbeiters verhängnisvoll, denn jeder Christ sollte – selbst bei allergeringstem Einkommen – ein Mensch sein, der gibt. Wenn man nur empfängt und nicht gibt, wird dies unweigerlich zur Stagnation führen. Und tragen wir keine materielle Verantwortung für andere, dann wird Gott uns nur wenig anvertrauen. In seinem zweiten Brief an die Korinther gebraucht Paulus die Wendung: *„Als die Armen, aber die doch viele reich machen“* (6:10). Wie hat dieser Mann Gott gekannt! Selbst in der größten Armut ging es ihm nur darum, das Leben anderer reich zu machen, und das Erstaunliche dabei ist, daß er dazu auch stets in der Lage war.

Geschwister, wenn der euch anvertraute Dienst an irgendeinem Ort in Frage gestellt wird, dann weigert euch um der Ehre des Dienstes willen, irgendeine Unterstützung anzunehmen. Ihr müßt eure Einstellung unzweideutig klarmachen; und selbst wenn ihr die Unterstützung abgelehnt habt, gilt es noch daran zu denken, daß ihr anderen verpflichtet seid. Wollt ihr euer Einkommen vermehren, dann vermehrt euer Geben, euren „Output“. Die Erfahrung vieler Kinder des Herrn bestätigt das, was er selbst gesagt hat: *„Gebt, und es wird euch gegeben werden“* (Lk. 6:38). Dies ist ein göttliches Gesetz, und wir verletzen es zu unserem eigenen Schaden. Der Christ macht Geschäfte auf einer Basis, die der des Nichtchristen genau entgegengesetzt ist. Der letztere spart, um mehr zu gewinnen; der Christ hingegen gewinnt durch Geben. Vielleicht vergrößert der Christ durch sein Geben nicht sein Guthaben auf der Bank, aber er vermag dadurch in stets wachsendem Maß die Erfahrung des Paulus zu teilen: *„Als die Armen, aber die doch viele reich machen.“*

Am Ende seines zweiten Briefes an die Korinther, wo Paulus seine Hoffnung auf einen baldigen Besuch bei ihnen zum Ausdruck bringt, sagt er: *„Siehe, ich bin jetzt bereit, zum dritten Mal zu euch zu kommen, und will euch nicht beschweren; denn ich suche nicht das Eure, sondern euch. Denn es sollen nicht die Kinder den Eltern Schätze sammeln, sondern die Eltern den Kindern“* (12:14). Seht ihr, wie oft Paulus in diesem Brief an die Gemeinde in Korinth von seiner Haltung in finanziellen Angelegenheiten spricht? Doch immer wieder, wenn er seine eigene Haltung darlegt, nützt er die Gelegenheit, sie zu unterweisen. Andernfalls hätten sie leicht denken können, er wolle nur, verletzt durch die Kritik an seiner Person und seinem Dienst, einen Standpunkt der Unabhängigkeit beziehen. Obwohl die besonderen Umstände ihn in diesem Fall dazu zwangen, keine finanzielle Hilfe von den Gläubigen anzunehmen, war Paulus doch in seinem Inneren so rein und so unbekümmert, daß er sie andererseits ermutigen konnte, den bedürftigen Heiligen in Jerusalem Hilfe zu schicken, und daß er auch ihre Freigebigkeit gegen die Gemeinden in Mazedonien rühmen konnte. Paulus selbst brauchte ihr Geld nicht, aber anderswo wurde es gebraucht, und Paulus wollte, daß sie großzügig gaben, um selbst reich zu werden und auch andere reich zu machen.

Darf ich euch fragen, ob ihr wie Paulus in all eurem Umgang mit den Kindern des Herrn stets zwischen „euch“ und „das Eure“ unterscheiden könnt? Sucht ihr, wenn ihr mit ihnen zu tun habt, stets „sie selbst“ oder „das Ihre“? Wenn sie euch verdächtigen und ihr nichts von dem Ihren bekommt, könnt ihr ihnen dann nach wie vor rückhaltlos das „Eure“ geben, oder läßt euer Wunsch zu dienen nach, wenn von ihrer Seite kein Ansporn kommt? Paulus hätte vom natürlichen Standpunkt her allen Grund gehabt, die Korinther sich selbst zu überlassen, aber er brachte das nicht über sich und plante sogar seinen dritten Besuch bei ihnen. Das Ihre wies er zurück, aber nach ihnen selbst verlangte ihn nach wie vor. Wie aufrichtig er sie selbst und nicht das Ihre suchte, wird in seinen Briefen, in denen er ihnen sein Herz öffnet, überwältigend deutlich. Was auf den eben zitierten Abschnitt folgt, hat denselben Klang: *„Ich aber will gerne hingeben und hingegeben werden für eure Seelen. Wenn ich euch mehr liebe, soll ich darum weniger geliebt werden? Sei es also, ich habe euch nicht beschwert. Oder bin ich tückisch gewesen und habe euch mit Hinterlist gefangen? Habe ich euch etwa übervorteilt durch derer einen, die ich zu euch gesandt habe? Ich habe Titus zugeredet und mit ihm gesandt den Bruder. Hat euch etwa Titus übervorteilt? Sind wir nicht in einem Geist gewandelt? Sind wir nicht in einerlei Fußtapfen gegangen?“* Seht, welche innere

Haltung Paulus hier hat! Wie er sich selbst und auch alles, was er hatte, für die Korinther ausschüttete! Wir sind unserer hohen Berufung als Prediger des Evangeliums unwürdig, wenn wir nicht alles, was wir sind und haben, in dieses Geschäft investieren können.

Andererseits sollten wir beachten, daß Paulus sehr wohl die finanzielle Hilfe aus Mazedonien annahm. Unter normalen Umständen ist es richtig, daß ein Mitarbeiter etwas von den Mitchristen annimmt. Paulus hat Gaben weder unterschiedslos angenommen noch unterschiedslos abgewiesen. Er hatte geistliches Unterscheidungsvermögen, und dort, wo die geistliche Haltung des Gebers stimmte, war er ein dankbarer Empfänger. Mögen auch wir unterscheiden zwischen dem, was wir annehmen, und dem, was wir zurückweisen sollen, mögen wir befreit werden von der nur allzu üblichen Haltung, daß man alle Gaben, die kommen, freudig annimmt.

Gehen wir weiter zum Brief des Paulus an die Philipper und sehen wir, in welcher Haltung er von den Heiligen dort Gaben annimmt. Er schreibt an sie: *„Ihr aber von Philippi wißt, daß von Anfang meiner Predigt des Evangeliums an, als ich auszog aus Mazedonien, keine Gemeinde mit mir Gemeinschaft gehabt hat im Geben und Nehmen als ihr allein. Denn auch nach Thessalonich sandtet ihr für meinen Bedarf einmal und danach noch einmal. Nicht daß ich das Geschenk suche; sondern ich suche die Frucht, damit* *sie euch reichlich zugerechnet werde*" (4:15-17). Paulus bestätigte dankbar die Gabe von der Gemeinde in Philippi; aber selbst dabei machte er deutlich, daß seine größte Freude beim Empfang ihrer Gabe nicht die Bereicherung war, die sie ihm brachte, sondern die Bereicherung für sie selbst, die Geber; und er fügte gleich die Bemerkung hinzu: *„Ich habe alles und habe überflüssig.*" Wie sehr unterscheidet sich dies von den sonst üblichen Ausführungen, wenn Gaben bestätigt werden! Nur zu oft betonen die Dankbriefe, wie groß noch immer der Bedarf ist, mit der bewußten oder unbewußten Absicht, weitere Freigebigkeit zu bewirken. Lesen wir die Worte des Paulus nochmals, und machen wir sie zu unseren eigenen: *„Ich habe alles und habe überflüssig.*" Hier fehlt auch der geringste Hinweis auf irgendein weiteres Bedürfnis. Im Gegenteil, alles vermittelt den Eindruck völliger Zufriedenheit. Welch einen überaus reinen Geist hat Paulus! Wie frei ist er von der Knechtschaft des Mammon!

Laßt uns jedoch weiterlesen: *„Mein Gott aber wird ausfüllen all euren Mangel nach seinem Reichtum in Herrlichkeit in Christus Jesus*" (gr.). Paulus bringt seine Anerkennung zum Ausdruck für alle materielle Hilfe, die ihm durch die Heiligen in Philippi zuteil geworden ist, ohne jedoch dabei die Herrlichkeit seines Dienstes aus den Augen zu verlieren. Selbst indem er zum Ausdruck bringt, daß er ihnen Dank schuldet, vergibt er nichts an geistlicher Würde. Er bindet sich weder an die Gaben noch an die Geber.

Freimütig bringt er seine Anerkennung zum Ausdruck, macht dabei jedoch deutlich, daß er diese Gaben als Gaben an Gott betrachtet: *„Ein lieblicher Geruch, ein angenehmes Opfer, Gott gefällig."* Weil er jedoch an ihrer Gabe für Gott teilhat, beschenkt er sie mit einem Segen, der ihr eigenes Geben weit übertrifft: *„Mein Gott aber wird ausfüllen all euren Mangel nach seinem Reichtum in Herrlichkeit in Christus Jesus."* Was für ein reicher Mann war Paulus! Und welchen Reichtum gab er anderen! Mögen wir an der Einfalt des Herzens, die dieser Mann besaß, teilhaben und uns seinen Worten, die er hinzufügt, anschließen: *„Unserem Gott und Vater nun sei die Herrlichkeit von Ewigkeit zu Ewigkeit. Amen"* (gr.).

Sehen wir schließlich auch die Haltung des Paulus in bezug auf die Gemeindekasse. In 2.Korinther 8:1-4 schreibt er: *„Wir tun euch aber kund, liebe Brüder, die Gnade Gottes, die in den Gemeinden Mazedoniens gegeben ist. Denn bei vieler Bewährung in Trübsal war ihre Freude überschwenglich, und wiewohl sie sehr arm sind, haben sie doch reichlich gegeben in aller Lauterkeit. Denn nach allem Vermögen, das bezeuge ich, und über Vermögen waren sie willig und baten uns mit vielem Zureden, daß sie mithelfen dürften an dem Liebeswerk für die Heiligen."*

Paulus hatte von der Hungersnot in Jerusalem gehört und die Brüder in Mazedonien von der dort herrschenden Not in Kenntnis gesetzt. Obgleich sie selbst in großer Armut waren, bewegte diese Nachricht sie so sehr, daß sie sich selbst verleugneten, um ihren Brüdern Hilfe zu senden, und sie gaben freudig sogar über ihr Vermögen. Ganz zweifellos war dies kein Geben unter dem Zwang einer Verpflichtung, denn es wird uns gesagt, daß sie den Apostel dringend um die Gunst baten, den Heiligen in Jerusalem helfen zu dürfen. Sie waren so mit ihren Geschwistern verbunden, das Leben machte sie so eins mit ihnen, daß sie sich nicht in erster Linie ihrer eigenen dringenden Bedürfnisse, sondern derer von weit entfernten Gliedern des Leibes Christi bewußt waren. Die Tatsache, daß sie diese Gunst von dem Apostel erbitten mußten, zeigt uns, daß der Apostel sie von sich aus nicht zur Selbstverleugnung auffordern wollte, weil ihre eigene Not so groß war; doch ihr beharrliches Bitten überwand sein Zögern. Ihre Haltung war wunderbar, aber die des Paulus nicht minder. Als einer, der an verantwortlicher Stelle stand, wagte Paulus nicht, die Not der Geschwister am einen Ort außer acht zu lassen, obwohl er den Geschwistern anderswo unbedingt helfen wollte. Doch jene waren so befreit vom Empfinden ihrer eigenen Bedürfnisse und hatten eine so echte Last, die Not an einem anderen Ort zu lindern, daß Paulus dies als die Wirkung des korporativen Lebens erkennen und ihrer Bitte nachgeben mußte. Welch ein schönes Bild von der Beziehung zwischen einem Knecht Gottes und den Menschen, denen er zu dienen suchte! Wir, die wir uns Mitarbeiter Christi nennen, sollten

Geld, das die Heiligen für unsere eigenen Bedürfnisse oder die anderer geben, nicht in gedankenloser Freude hinnehmen, sondern die Umstände der Geber entsprechend in Betracht ziehen, damit diese nicht in ihrer Sorge um Mitgläubige zu weit gehen und sich selbst zu große Entbehrungen auferlegen.

Nachdem Paulus die Beisteuer der Heiligen in Korinth für die Geschwister in Jerusalem gebilligt hat, leitet er sie nun auch darin an, wie sie die Gabe einsammeln und an ihren Bestimmungsort bringen können. Hier gibt uns dieser Brief an die Korinther wiederum wertvolle Hinweise. Paulus schreibt: *„Gott aber sei Dank, der denselben Eifer für euch in das Herz des Titus gegeben hat... weil er noch eifriger war, ist er aus eigenem Antrieb zu euch gegangen. Wir haben aber den Bruder mit ihm gesandt, dessen Lob wegen der Verkündigung des Evangeliums durch alle Gemeinden verbreitet ist. Aber nicht allein das, sondern er ist auch von den Gemeinden zu unserem Reisegefährten in diesem Gnadenwerk gewählt worden, das von uns besorgt wird zur Herrlichkeit des Herrn selbst ... denn wir suchen das zu verhüten, daß uns jemand übel nachredet dieser reichen Gabe halber, die von uns besorgt wird; denn wir sind auf das Rechte bedacht, nicht allein vor dem Herrn, sondern auch vor den Menschen. Wir haben aber unseren Bruder mit ihnen gesandt, den wir oft in vielem als eifrig erprobt haben“* (8:16-22). Beachtet, welche Vorsicht Paulus in dieser ganzen Angelegenheit walten ließ. Ist euch aufgefallen, daß er das Geld nicht selbst übernahm? Er übertrug Titus die Verantwortung für die gesammelten Gaben. Und zwei andere Brüder, die in hohem Ansehen standen, wurden dazu bestimmt, ihn zu begleiten – der Bruder, *„dessen Lob wegen der Verkündigung des Evangeliums durch alle Gemeinden verbreitet"* war, und der Bruder, *„den wir oft in vielem als eifrig erprobt haben"*. Die Verwaltung der Gemeindegelder sollte niemals einer einzigen Person überlassen werden; sie sollte stets in der Hand von mindestens zwei oder drei Personen gemeinsam liegen.

Weil gerade in Geldangelegenheiten äußerste Sorgfalt geboten ist, betont Paulus zweimal, sowohl gegenüber Timotheus als auch gegenüber Titus, daß kein Habsüchtiger in einer Gemeinde als Ältester zugelassen werden soll (1.Tim.3:3; Tit.1:7). Und in 1.Timotheus 3:8 wird dieselbe Anforderung auch für den Dienst des Diakons gestellt. Kein Mensch, der mit Geld nicht treu umgehen kann, ist für eine verantwortliche Stellung in der Gemeinde qualifiziert. Petrus schreibt ganz entsprechend: *„Hütet die Herde Gottes, die bei euch ist, nicht aus Zwang, sondern freiwillig, Gott gemäß, auch nicht aus schändlicher Gewinnsucht, sondern bereitwillig"* (1.Petr.5:2).

Habsucht ist ein Fehler, der drastische Maßnahmen erfordert; und wenn wir dieses Problem nicht von Grund auf gelöst haben, dann werden wir früher oder später in Schwierigkeiten geraten. Mögen wir durch die Gnade Gottes zu einer klaren Haltung in bezug auf unsere Geldangelegenheiten kommen und mögen wir befähigt werden, vor ihm nicht nur für unsere eigenen materiellen Bedürfnisse die Verantwortung zu übernehmen, sondern in unserem Maß auch für die Bedürfnisse unserer Geschwister.

X. Treue gegen die Wahrheit

Joh. 8:44; Mt. 12:19; 2.Tim. 2:24

Unbedingte Treue gegenüber der Wahrheit ist eine Eigenschaft, die im Leben jedes Mitarbeiters Christi Vorrang haben muß. Es kann geschehen und geschieht in der Tat nicht selten, daß ein Mitarbeiter die Wahrheit etwas verändert, weil er durch die Menschen, durch Umstände oder durch seine eigenen Wünsche beeinflußt ist. Die Wahrheit ist absolut und verlangt unter allen Umständen die unbeirrbare Treue aller. Gegebenenfalls können wir alles opfern, aber die Wahrheit dürfen wir nicht opfern. Wir dürfen sie niemals für unseren Zweck hinbiegen, sondern haben uns stets ihr zu beugen.

Wir alle neigen dazu, die Wahrheit zu mißachten, wenn sie unseren eigenen Interessen zuwiderläuft. Finden wir uns persönlich in einer Verlegenheit, trifft unsere Familie ein Unglück oder befindet sich ein lieber Freund in einer Notlage – wie schnell sind wir dann bereit, unsere Überzeugungen aufzugeben! Wie schnell passen wir die Wahrheit den herrschenden Umständen an, um uns dadurch selbst aus einer Klemme herauszuhelfen oder unsere Lieben vor einer Schwierigkeit zu bewahren!

Nehmen wir beispielsweise den Fall, daß der Sohn eines Mitarbeiters den Wunsch äußert, sich taufen zu lassen. Ist sein Vater darauf bedacht, der Wahrheit zu entsprechen, dann wird er seinen Sohn so wie den Sohn jedes anderen zu den leitenden Brüdern in der Gemeinde schicken und ihnen die Entscheidung überlassen, ob er getauft werden kann. Nun ist jedoch dieser betreffende Taufanwärter sein eigener Sohn, und deshalb versucht er bei ihm einen gewissen Unterschied zu machen. Es geht ihm darum, daß sein Sohn getauft wird, nicht darum, daß dem Wort Gottes entsprochen wird. Gälte seine erste Sorge der Beachtung von Gottes Wort, dann wäre er frei von Parteilichkeit in bezug auf seinen Sohn und völlig offen für das Urteil der anderen.

Nehmen wir ein anderes Beispiel. An irgendeinem Ort erhebt sich eine Auseinandersetzung um eine Lehrfrage. Viele Geschwister sind einem bestimmten Mitarbeiter günstig gesonnen und stellen sich auf dessen Seite, während eine gewisse Zahl einen anderen Mitarbeiter vorzieht und es mit diesem hält. In diesem Fall ist leider keine der beiden Parteien absolut für die Wahrheit, denn die eine wie die andere geht aufgrund persönlicher Zuneigung Kompromisse ein. Wie heimtückisch beeinflußt unser Gefühl doch unsere Entscheidungen, so daß wir das Wort Gottes verdrehen, anstatt uns ihm zu unterwerfen!

Der Standard des göttlichen Wortes darf nicht herabgesetzt und so zugeschnitten werden, daß er zu unserem Maß paßt. Wir dürfen das Wort in keiner Weise abschwächen, auch dann nicht, wenn es unseren Mangel aufdeckt. Wir haben es so zu proklamieren, wie es geschrieben steht – unwandelbar und unveränderlich, unseren Verstand und das von uns erreichte Niveau übersteigend. Selbst wenn es unserer Erfahrung widerspricht und unseren Kopf verwirrt, müssen wir es als unsere Autorität anerkennen. Und ganz besonders müssen wir uns davor hüten, es in bestimmter Weise auszulegen, wenn es andere betrifft, während wir es abschwächen, wenn es auf uns selbst, auf unsere Familie oder unsere Freunde angewendet wird. Möge uns dies eine Warnung sein, denn hier liegt eine böse Falle verborgen.

In der Gemeinde tauchen viele Schwierigkeiten deshalb auf, weil Christen lieber die Wahrheit fallenlassen als ihre persönlichen Interessen. In einer Ortsgemeinde gab ein Bruder zu verstehen, daß er nicht mehr zu den Versammlungen komme, weil man ihn nicht über einen bestimmten Vorfall in der Gemeinde informiert habe. Was hatte jener Bruder von dem absoluten Wesen der Wahrheit gesehen? War es richtig, daß er seine Verbindung zu den andern Brüdern abschnitt, dann hätte er dies in jedem Fall tun müssen, selbst wenn sie ihn über jene Angelegenheit informiert hätten. War es hingegen falsch, daß er die Verbindung zu ihnen abbrach, dann hatte er trotz ihres Fehlers, daß sie ihm eine Gemeindeangelegenheit nicht mitgeteilt hatten, kein Recht dazu. Wenn wir uns in einer Gemeinschaft oder Gruppe befinden, welche dem offenbarten Vorsatz Gottes nicht entspricht, so müssen wir aus diesem Status herauskommen; befinden wir uns jedoch an dem Platz, der mit Gottes Vorsatz übereinstimmt, dann dürfen wir nicht mit der Wahrheit spielen und unser Weggehen rechtfertigen, nur weil sich Schwierigkeiten ergeben haben. Wer sind wir, daß wir von unseren Mitchristen besondere Rücksicht verlangen? Und wer sind wir, daß wir Gottes Wort beiseitezusetzen wagen, weil es uns in unangenehme Situationen hineinbringt? Wir sind viel zu groß und viel zu kühn! Wird unser Selbstleben nicht zerbrochen, so werden wir niemals wahre Diener Gottes sein. Wir müssen es lernen, sein Wort nüchtern und unbefangen zu betrachten, ganz gleich, ob unser Ja zu dem Wort uns Vorteile oder Nachteile bringt. Wenn wir nur die Natur von Gottes Wort erkennten, dann würden wir nicht immer seine Herrlichkeit verdunkeln, indem wir uns selbst ins Spiel bringen. Mögen wir von unserer Anmaßung errettet werden!

Laßt uns noch ein weiteres Beispiel nehmen. Ein Bruder hatte gehört, daß eine gewisse örtliche Gemeinde von verschiedenen Seiten negativ beurteilt wurde. Später jedoch identifizierte er sich selbst mit eben dieser Gemeinde, und in seinem Umgang mit den Gläubigen dort sprach er sich stets günstig für sie aus, obgleich er niemals ehrlich in die ganze Situation Einblick genommen hatte, sondern nur gefühlsmäßig mit den Gläubigen harmonierte und allgemein höflich war. Nach einer gewissen Zeit sprach ihn einer unter uns, der seinen geistlichen Zustand erkannte und ihm helfen wollte, verantwortungsbewußt darauf an. Er „redete die Wahrheit in Liebe“. Sofort nahm der andere Anstoß aufgrund dessen, was gesagt wurde, trennte sich von jener Gemeinschaft und verbreitete überall ungute Gerüchte über sie. Diesem Bruder fehlte eine feste Einstellung zur Wahrheit, und deshalb konnte er sie verdrehen, sobald sein persönliches Wohl betroffen war. Wäre er der Wahrheit ehrlich auf den Grund gegangen mit der Bereitschaft, die Folgen in Kauf zu nehmen, dann hätte er, sofern die Wahrheit es verlangte, von Anfang an einen festen Stand gegen jene Gemeinschaft eingenommen. Verlangte die Wahrheit jedoch, daß er sich mit diesen Personen identifizierte, dann hätte selbst die ernsteste persönliche Zurechtweisung ihn nicht veranlassen können, mit ihnen zu brechen.

Nehmen wir noch ein anderes Beispiel. Ein Mitarbeiter, der eine ausgesprochene Führungsgabe besitzt, glaubte sich geführt, einen bestimmten Kurs einzuschlagen; und da er ein leitender Bruder war, konnte es nicht ausbleiben, daß auch andere diesem Kurs folgten. Wenn nun der Weg, den jener leitende Bruder einschlug, richtig war, dann nicht deshalb, weil gerade er ihn einschlug; und wenn er falsch war, dann konnte seine Entscheidung für diesen Weg ihn nicht richtig machen, wie ernst der Bruder es auch als Christ meinte. Sollte es geschehen, daß dieser Mann später in Sünde fällt, dann wird auch seine Sünde den richtigen Weg, den er eingeschlagen hat, nicht zu einem falschen Weg machen. Nehmt es mir nicht übel, wenn ich noch einmal sage: Die Wahrheit Gottes ist absolut; sie wird es nicht, indem sich dieser oder jener zu ihr stellt, sondern sie ist es ihrem innersten Wesen nach. Wir haben jedoch die Neigung, unseren Blick auf Menschen zu richten. Wir meinen, wenn ein bestimmter Mensch, den wir für geistlich halten, einen bestimmten Weg einschlägt, dann muß dies der richtige Weg sein; und wenn ein anderer, der in einem schlechten geistlichen Zustand ist, einen bestimmten Kurs einschlägt, dann muß dieser Kurs falsch sein. Wirst du dein Christsein deshalb aufgeben, weil manche Christen, die du kennst, so erbärmlich sind? Wirst du die Christenheit deshalb verabscheuen, weil manche Christen in Sünde fallen? Wirst du aufhören, dem Herrn zu vertrauen, weil manche versagen, die doch ihr Vertrauen zum Herrn bekundet haben? Gewiß nicht. Ist der Herr vertrauenswürdig, dann werden wir ihm auch weiterhin vertrauen. Es geht nicht darum, wie die Menschen auf die Wahrheit reagieren, sondern um die Wahrheit selbst.

Manche Brüder haben zu uns gesagt: „Wie sehr danke ich Gott, daß er mich in diese Ortsversammlungen geführt hat! Ich habe hier viel Hilfe empfangen." Solche Erklärungen machen keinen sonderlichen Eindruck auf uns. Sie geben keinen Anhaltspunkt dafür, daß die absolute Natur der Wahrheit erkannt worden ist. Möglicherweise kommen die Menschen, die solche Aussagen machen, einfach nur, weil ihnen die Versammlungen zusagen. Warten wir ab, bis irgend etwas geschieht, das ihre Zustimmung nicht findet; dann wird es sich herausstellen, ob sie nicht die Ortsgemeinde ganz und gar verurteilen. Ist eine Gemeinde in Ordnung, dann ist sie in Ordnung; ist sie es nicht, dann eben nicht. Ihre Natur wird nicht dadurch richtig oder falsch, daß ich so behandelt werde, wie es mir gefällt oder nicht gefällt. Die Wahrheit muß in jedem Fall der einzige Faktor sein, der unser Zusammenkommen bestimmt; aber dies ist nur unter der Bedingung möglich, daß unserem Selbst, das unsere Urteile verbiegt, kein Raum mehr gelassen wird.

Viele Schwierigkeiten rühren daher, daß wir noch an unseren persönlichen Vorlieben festhalten. Würden wir einfach vor der Wahrheit kapitulieren, ganz gleich, welche Auswirkungen das für uns hat, dann wären nicht nur die Probleme in der Gemeinde und im Werk gelöst, sondern auch unsere persönlichen Probleme. Natürlich wird keiner von uns den Gedanken nähren, daß wir die Wahrheit ganz aufgeben wollen; aber wir erlauben uns hier und da eine kleine Abweichung, und ganz allmählich hat die Wahrheit für uns immer weniger Gewicht. Das Ergebnis ist, daß wir die Orientierung verlieren und hierhin und dorthin getrieben werden. Wenn man uns gut behandelt, wandeln wir in dem Weg, den der Herr gezeigt hat, und wenn man uns schlecht behandelt, suchen wir uns einen anderen Weg. Wie wichtig nehmen wir uns selbst! Wir beanspruchen den Platz, der der Wahrheit zusteht. Wir machen uns zum Mittelpunkt des Universums, und alle Dinge werden davon abhängig gemacht, wie sie sich in bezug auf uns ausnehmen.

Geschwister, es geht um die Wahrheit, nicht um ihre Auswirkung auf kleine Geschöpfe, wie wir es sind. Sie kann es von uns fordern, daß wir die glücklichste persönliche Verbindung aufgeben und statt dessen Gemeinschaft mit Menschen haben, die uns gar nicht liegen. Daß wir uns in unserer Umgebung wohl fühlen, beweist nicht ihre Richtigkeit, und wenn wir uns von Natur aus nicht so gut mit den uns umgebenden Menschen vertragen, beweist dies nicht, daß die Gemeinschaft mit ihnen verkehrt ist. Laßt uns ein für allemal festhalten, daß die Wahrheit letzte Gültigkeit besitzt und alle unsere Verbindungen und unser Urteil zu bestimmen hat. Selbst in irdischen Gerichtshöfen dürfen die persönlichen Vorlieben des Richters keinen Einfluß auf sein Urteil haben. Er darf sein Herz nicht sprechen lassen; er darf sich nicht weigern, seinen eigenen Sohn schuldig zu sprechen, wenn er nach dem Gesetz schuldig ist; und er darf sich nicht weigern, seinen Feind für unschuldig zu erklären, wenn das Gesetz dies erfordert. Das Gesetz ist absolut, und der Richter muß sich ihm unterwerfen.

Würden wir uns als ein Kreis von Mitarbeitern ohne Vorbehalt der Wahrheit unterstellen, wie schnell und reibungslos gingen dann unsere Beratungen vonstatten! Und wie würde das Werk aufblühen! Wenn unser einziges Sinnen und Trachten der Wille Gottes ist, werden wir vor vielen fruchtlosen Diskussionen gerettet werden und schnell zu klaren Entscheidungen kommen. Bis zu diesem Tag aber werden wir viel kostbare Zeit damit zubringen, über unsere persönlichen Meinungen zu reden, und wir werden unsere Worte sorgfältig abwägen und zu diplomatischen Mitteln greifen müssen, um jedem zu gefallen. Stets werden wir uns zurückhalten und überlegen, ob Bruder X vielleicht gekränkt ist, wenn wir dies und jenes tun, oder ob Bruder Y vielleicht nicht mitarbeiten wird, wenn wir eine andere Richtung einschlagen, und welche Zugeständnisse vielleicht nötig sein werden, damit Bruder Z beschwichtigt wird. Vielleicht bewahrt uns unser sorgfältiges Abwägen der verschiedenen Meinungen und unsere fortwährende Anpassung an die Überzeugungen der anderen davor, daß es zu offenen Meinungsverschiedenheiten kommt, aber was ist gewonnen, wenn wir Kompromisse auf Kosten der Wahrheit geschlossen haben?

Würde jeder von uns die Wahrheit als das Letztgültige akzeptieren und sich ihr in Demut unterwerfen, anstatt daß wir untereinander den Ehrgeiz anstacheln und alle möglichen Pläne entwerfen und Vorkehrungen treffen, um den Frieden in diesem Mitarbeiterkreis zu bewahren, dann würde der Segen des Herrn über der ganzen Gemeinschaft ruhen. Daß wir es doch zu unserem einzigen Bestreben machten, den Willen Gottes zu erkennen und einfach zu tun, was er sagt!

Laßt uns mit ganzem Ernst auf dies ausgerichtet sein. Aber denken wir auch daran, daß es im Werk des Herrn keinen Raum für irgendwelche seelische Aktivität gibt. Wir mögen bewußten Einfluß auf das Leben anderer ausüben in dem ernsten Verlangen, daß das Werk des Herrn vorangeht; es mag uns sogar durch unseren Einfluß gelingen, die Menschen zum Annehmen der Wahrheit zu bringen, aber der Zweck rechtfertigt die Mittel nicht. Die Wahrheit ist viel zu groß, als daß sie auf unsere Manipulation angewiesen wäre. Wir können sehr wohl darauf vertrauen, daß die Autorität, die sie selbst besitzt, ihre Wirkung nicht verfehlen wird. Unsere Aufgabe ist es, für unsere Person in Demut des Herzens den rechten Platz ihr gegenüber einzunehmen.

Weitere Schriften von Watchman Nee

Befreiung (92 S.)
Christus – der Fels der Gemeinde (31 S.)
Christus – der „ICH BIN“ (31 S.)
Christus, die Wirklichkeit aller geistlichen Dinge (115 S.)
Christus ist uns zur Weisheit geworden (38 S.)
Christus unser Leben (31 S.)
Das Blut und die Anbetung* (12 S.)
Das Gericht* (22 S.)
Das kostbare Blut Christi (19 S.)
Das normale Christenleben (253 S.)
Das normale Gemeindeleben (372 S.)
Das überwindende Leben** (19 S.)
Das Werk Gottes (62 S.)
Der Helm der Errettung** (19 S.)
Der Leib Christi*** (24 S.)
Die einzige Sünde des Menschen* (25 S.)
Dienst für das Haus oder für den Herrn (23 S.)
Die Gelegenheit ergreifen*** (16 S.)
Die Gemeinden – Fall und Rückgewinnung (167 S.)
Die herrliche Gemeinde (207 S.)
Die Ortsgemeinde (90 S.)
Ein gescheiterter Gerechter (23 S.)
Ein Zeugnis (83 S.)
Errettung – nicht durch gute Werke* (13 S.)
Im Geist oder im Verstand** (24 S.)
Laßt das Wort Christi reichlich in euch wohnen*** (19 S.)
Leben finden (Sammelband 1) (113 S.)
Leben kennen (Sammelband 2) (114 S.)
Im Leben wachsen (Sammelband 3) (104 S.)
Sitze, wandle, stehe (79 S.)
Trennung von Seele und Geist** (19 S.)
Versiegelt mit dem Heiligen Geist** (15 S.)
Vorträge über das Gemeindeleben (292 S.)
Ist Christus denn zertrennt? (109 S.)
(Auszug aus: Vorträge über das Gemeindeleben)
Wir haben ihn mißverstanden (23 S.)
Zweierlei Verhaltensgrundsätze** (31 S.)

Die mit *, ** oder *** gekennzeichneten Titel sind in den Bänden *Leben finden*, *Leben kennen* und *Im Leben wachsen* enthalten.